U0508677

新农村建设丛书 > 生产发展 / 生活富裕 / 乡风文明 / 村容整洁 / 管理民主

新农村土地经营

XIN NONG CUN TU DI JING YING ZHI SHI WEN DA

知识问答

何剑云　何振利　杨玉萍　编著

河北出版传媒集团
河北科学技术出版社

图书在版编目（CIP）数据

　　新农村土地经营知识问答 / 何剑云 , 何振利 , 杨玉萍编著 . -- 石家庄 : 河北科学技术出版社 , 2017.4
　　ISBN 978-7-5375-8286-5

　　Ⅰ . ①新… Ⅱ . ①何… ②何… ③杨… Ⅲ . ①农村－土地经营－中国－问题解答 Ⅳ . ① F321.1-44

　　中国版本图书馆 CIP 数据核字 (2017) 第 031098 号

　　新农村土地经营知识问答
　　何剑云　　何振利　　杨玉萍　编著

出版发行：	河北出版传媒集团　　河北科学技术出版社
地　　址：	石家庄市友谊北大街 330 号（邮编：050061）
印　　刷：	山东泰安新华印务有限责任公司
开　　本：	710mm×1000mm　　1/16
印　　张：	10
字　　数：	128 千字
版　　次：	2017 年 7 月第 1 版
印　　次：	2017 年 7 月第 1 次印刷
定　　价：	32.00 元

如发现印、装质量问题，影响阅读，请与印刷厂联系调换。
厂址：泰安市泰山区灵山大街东首 39 号　电话：(0538) 6119302　邮编：271099

社会主义新农村建设是我国现代化进程中的重大历史任务，关系到我国改革发展和稳定的大局。党的十六届五中全会提出要按照"生产发展、生活富裕、乡风文明、村容整洁、管理民主"的要求，扎实推进社会主义新农村建设。其中，"生产发展"是新农村建设的中心环节，是实现其他目标的物质基础，是发展农业和农村经济的基本着力点。而农村土地经营方式的转变是加快实现生产发展的关键所在，是实现农业产业化、现代化，促进农村经济发展的必由之路。

对于"面朝黄土背朝天"的农民来说，土地经营是其生存、发展的根本，是农民收入的主要来源，只有实现土地经营效率的提高，才能从根本上更好地保障农民的生存发展权。然而，目前我国农业基础设施供给不足、农业科技推广力度不够、农民综合素质偏低等情况严重，我国农村大部分地区的土地经营仍然延续传统粗放型的方式，土地经营水平相对低下。我国急需转变农村土地经营方式，不断提高新农村建设土地经营效率，为实现农业现代化奠定坚实的基础。

为了带动村民知识结构的更新，促进我国农村向现代新型农村的转变，丰富"农家书屋"的内容，我们特编写了此书。全书共分为七篇，分别介绍了有关新农村土地经营的政策法规知识、土地经营权知识、土地经营模式知识、土地经营技术知识、土地经营物资知识、土地经营产品知识以及新农村土地经营服务体系的有关知识。可以说，本书是对新农村土地经营知识进行的系统化、全方位的介绍。同时考虑到农民朋友的自身特点，本书采用简单明了的问答题形式和通俗易懂的语言，围绕新农村土地经营中农民关心的热点问题进行编写，以期能够提供给农民朋友一些土地经营过程中急需的实用性知识，从而帮助农民朋友提高土地经营水平、增加经营收入。由于作者水平有限，书中仍存在不足之处，但相信本书还是可以为农民朋友的土地经营活动提供一些科学有效的指导。

编 者

2015 年 10 月

目 录/Catalogue

三、新农村土地经营模式 46

四、土地经营技术 ·····················　**65**

五、土地经营物资 ……………………………………… 91

一、新农村土地经营政策与法规

◆ **我国现行的农村土地制度是怎样的**？

我国现行的农村土地制度的基本特点，概括起来有以下几方面：

（1）在土地所有制方面，奉行和坚持社会主义公有制，实行国家所有制和集体所有制并存，以土地的集体所有制为主。国家所有制是指土地的所有权归国家所有，任何单位和个人不得侵占、买卖或者以其他形式非法转让土地。而集体所有制则是指土地所有权归劳动群众集体所有。

（2）在土地的经营形式方面，实行多种土地经营形式并存，以土地的家庭承包经营形式为主。

（3）在土地经营主体的组织形式方面，既以农户为经营主体，又以多种形式的集体为经营主体，其中以农户经营为主体。

（4）在土地的管理体制方面，实行国家管理、社区经济组织管理、基层经营者管理的三级管理体制，以土地的国家宏观管理为主。

◆ **我国法律对于农民集体所有的土地有哪些规定**？

农村和城市郊区的土地，除法律规定属于国家所有的以外，属于农民集体所有；宅基地和自留地、自留山，属于农民集体所有。国有土地和农民集体所有的土地，可以依法确定给单位或者个人使用。使用土地的单位和个人，有保护、管理和合理利用土地的义务。

农民集体所有的土地依法属于村民集体所有的，由村集体经济组织或者村民委员会经营、管理；已经分别属于村内两个以上农村集体经济组织的农民集体所有的，由村内各该农村集体经济组织或者村民小组经营、管理；已经属于乡（镇）农民集体所有的，由乡（镇）农村集体经济组织经营、管理。

农民集体所有的土地，由县级人民政府登记造册，核发证书，确认所有权。农民集体所有的土地依法用于非农业建设的，由县级人民政府登记造册，核发证书，确认建设用地使用权。

◈ 我国农村土地经营都有哪些形式？

目前，我国农村实行以家庭联产承包为主，多种土地经营形式并存的土地经营。土地的家庭联产承包经营是在土地公有制的基础上，以土地的所有权与经营权相对分离为前提，以家庭为基本经营单位，以土地承包经营者拥有一定的自主经营权为条件，以经营者独立承担经济责任为核心，以经营者获得超越承包基数的全部经营利益为动力，在承包者身上实现权、责、力相结合的一种土地经营形式。此外，我国农村土地经营形式还包括土地租赁经营、土地股份制经营、土地股份合作经营等多种形式。

◈ 我国现行承包地是怎样进行分配的？

我国现行承包地分配的基本特点主要表现在承包地的分配原则、承包地的分配手段、承包地在农户间配置变更的管理这三方面。

（1）在承包地的分配原则方面，承包地奉行平均主义的分配原则，按平均主义原则处理人地关系，处理土地级差，维持人地对应关系。也就是说承包地分配时不仅在数量上实现人人均等，而且在质量上实现人人均等，最终实现人皆有地，均等配给。

（2）在分配手段方面，承包地采用行政划拨的分配手段，承包农户所获得的承包地及其面积、块数、位置，是由社区性的行政组织或集体经济组织划分和配给的。

（3）在农户间配置的变更方面，承包地缺乏灵活性和规范性。

◈ 我国的土地经济政策有哪些？

从土地参与经济生产过程或环节看，我国的土地经济政策主要包括土地市场政策、土地价格政策、土地金融政策和土地税收政策。

◈ 什么是土地市场政策？

土地市场政策将土地市场分为一级土地市场和二级土地市场。一级土地市场是国家作为土地所有者直接参与经营的地产市场；而二级土地市场是土地使用权的转让市场，是平等主体之间的自主交换，是一种公平竞争关系，包括买卖、出租、抵押等多种形式。

◈ 什么是土地价格政策？

土地价格政策是国家对土地价格评估和管理等所规定的习惯行为准则和采取的重大措施，具体包括土地价格评估政策和土地管理政策。

土地价格评估政策是土地估价人员根据土地的自然特性和社会经济属性，依据土地估价的原则、理论和方法，综合评定土地在某一时点的权利状态下的价格。土地价格评估政策是关于土地价格评估人员、评估机构、评估技术等方面所作的规定。

土地价格管理政策是政府规范土地交易行为、调控地价变化、维护土地市场稳定、保护土地所有者和使用者合法权益的一系列价格管理措施。

◈ 什么是土地金融政策？

土地金融政策是指一个国家有关土地金融法令条例以及土地金融商品（工具）流通办法规定的总称。

◆ **什么是土地税收政策？**

土地税收政策则是指国家或社会为特定的目的，对土地税制、税种、税率及征收办法等法制规范的控制。通俗地讲，即它规定了土地税该由谁收、怎样收、收多少等问题。

◆ **如何对土地的所有权和使用权进行确权？**

（1）农民集体所有的土地，由县级人民政府登记造册，核发证书，确认所有权。农民集体所有的土地依法用于非农业建设的，由县级人民政府登记造册，核发证书，确认建设用地使用权。

（2）国家所有的和集体所有的森林、林木和林地，个人所有的林木和使用的林地，由县级以上地方人民政府登记造册，发放证书，确认所有权或者使用权。

（3）依法确定给全民所有制单位、集体经济组织等使用的国家所有的草原，由县级以上人民政府登记，核发使用权证，确认草原使用权。集体所有的草原，由县级人民政府登记，核发所有权证，确认草原所有权。

（4）单位和个人使用国家规划确定用于养殖业的全民所有的水域、滩涂的，使用者应当向县级以上地方人民政府渔业行政主管部门提出申请，由本级人民政府核发养殖证，许可其使用该水域、滩涂从事养殖生产。

◆ **农村土地他项权利指的是什么？**

土地他项权利是指土地所有权和土地使用权以外与土地有密切关系的权利。主要包括地役权、地上权、空中权、地下权、土地租赁权、土地借用权、耕作权和土地抵押权等。

土地他项权利的主体具有特定性，他项权利拥有者必须是与土地所有权或使用权拥有者有着密切关系的单位和个人，如邻里关系、土地使用权租赁关系、土地使用权抵押关系、地上附着物权属关系等。他项权利的发生，有的是由于土地所有权和使用权拥有者通过协议出让了部分权利，有的是法律明文规定的。他项权利与土地使用权的客体一般为同一块土地，它既依附于土地的所有权和使用权，又是对土地所有权和使用权的一种限制，这种限制往往影响土地所有者和使用者对土地的充分利用，从而影响土地所有权和使用权的价值。

◆ 哪些集体土地使用权可以进行抵押？

集体土地使用权可以抵押的，包括两种情况：

（1）根据《担保法》第34条第5项，《农村集体土地使用权抵押登记的若干规定》以及《农村土地承包法》第49条的规定，依法承包并经登记的荒山、荒沟、荒丘、荒滩等荒地使用权可以抵押，但需获得发包人的同意。发包人同意抵押可以在订立承包合同时约定，也可以事后取得发包人同意并取得书面证明。

（2）根据《担保法》第36条第3款的规定，乡（镇）村企业的厂房等建筑物抵押的，其占用范围内的土地所有权同时抵押，该土地使用权不得脱离厂房等建筑物单独抵押。

◆ 如何确保土地使用权抵押合法化？

集体土地使用权和乡村企业集体土地使用权抵押时必须依法向土地管理部门申请办理抵押登记，抵押合同自批准登记之日起生效。未经土地管理部门办理土地使用权抵押登记的，土地抵押权不受法律保护，土地使用权也不能作为抵押财产进行处置。

◆ 土地的地役权包括哪些方面？

地役权是指为便利地使用自己的不动产或提高其效益而按照合同约定利用他人不动产的权力。地役权的主体，是需役地的所有权人、使用权人和其他用益权人（如承租权人）。客体是他人的不动产，即供役地。我国地役权主要包括五种：

（1）通行地役权。这项权利是指在他人土地上通行以便到达自己的土地。

（2）用水权。它包括：①取水或汲水地役权，即为了需役地的便利在供役地上取水或汲水的权利；②导水地役权，即利用管道或沟渠经过供役地把水导入需役地的权利；③排水地役权，即把生活或生产过程中产生的废水排入供役地或经过供役地排向他处的权利；④饮畜地役权，即利用供役地上的水源或水流供需役地牲畜饮用的权利。

（3）眺望地役权。即为了确保在自己的土地或建筑物中能够眺望风景，约定供役地的物权人不得建造或种植超过一定高度的建筑物或竹木的权利。

（4）建筑物地役权。包括：①采光地役权，即为了改善自己的土地或建筑物的采光效果，约定供役地的物权人在一定的区域内不得建造建筑物或种植竹木，或者建筑物、竹木不得超出一定高度的权利；②支撑地役权，即利用他人已经建成的墙壁搭建房屋或其他地上定着物的权利，设立此种地役权往往是为了节省建筑成本或为了扩大房屋的使用面积。

（5）建造附属设施或安设临时附着物的地役权。它是指需役地的物权人为了更好地利用自己的土地或建筑物，可以与供役地的物权人协商，支付一定的对价，取得一项在供役地上建造建筑物之附属设施或安设临时附着物的役权。

◆ 我国对土地用途有何规定？

我国实行土地用途管制，使用土地的单位和个人必须严格按照国家编制的土地利用总体规划确定的用途使用土地。严格限制农用地转为建设用地，控制建设用地总量，对耕地实行特殊保护。其中，农用地是指直接用于农业生产的土地，包括耕地、林地、草地、农田水利用地、养殖水面等；建设用地是指建造建筑物、构筑物的土地，包括城乡住宅和公共设施用地、工矿用地、交通水利设施用地、旅游用地、军事设施用地等。

◆ 需要办理土地变更登记手续的情况有哪些？

依法改变土地权属和用途的，应当办理土地变更登记手续。

土地权属变更一般包括：①依法征用和划拨土地；②依法出让和转让土地使用权；③依法买卖、继承、交换、分割土地使用权；④土地用途变更，如城市工业用地改为住宅用地、商业用地，农用地变为建设用地，因农业内部结构调整耕地改为园地等；⑤土地使用权机关权利的变更，土地他项权利变更，土地等级、权利人名称、地址更改等。

◆ **进行土地权属变更登记的程序是什么？**

进行土地权属变更登记的程序主要有：

（1）由用地单位和个人向市、县人民政府土地行政主管部门提出变更登记申请，填写土地权属变更申请书，交验有关变更土地证件。

（2）由土地行政主管部门对申请书及有关文件进行审核和实地验证。

（3）通过审查批准变更，更换或更改有关土地权属证书。

◆ **进行土地权属变更登记所需文件资料有什么？**

申请办理变更土地登记时，应根据发生变更的不同情况，在规定的期限内向当地县级以上土地行政主管部门提交下列文件资料：

（1）土地变更登记申请书。

（2）单位、法定代表人证明，个人身份或者户籍证明。

（3）土地证书或他项权利证明书。

（4）地上建筑物、附着物权属证明。

（5）土地行政主管部门要求提交的其他资料。如委托办理变更土地登记应提交土地登记委托书和委托人、委托代理人双方的身份证明等。

由于变更内容不同，要求提交的文件资料也不一样。因此，除上述基本资料外，土地行政主管部门还要根据具体情况，确定应提交的其他文件资料项目。

◆ **什么是土地承包经营？**

土地承包经营是指本集体经济组织与其成员，为发包、承包农民集体所有的土地，通过签订承包合同，约定双方的权利义务，使承包者在该土地上从事种植业、林业、畜牧业、渔业生产的行为。

◆ **我国土地承包经营的期限是多长？**

（1）我国法律规定，耕地的承包经营期为 30 年。

（2）草地的承包期为 30~50 年。

（3）林地的承包期限为 30~70 年。特殊林木的林地承包期，经国务院林业行政主管部门批准可以延长。

在土地承包经营期限内，对个别承包经营者之间承包的土地进行适当调整的，必须经村民会议 2/3 以上成员或者 2/3 以上村民代表的同意，并报乡（镇）人民政府和县级人民政府农业行政主管部门批准。承包经营土地的农民有保护和按照承包合同约定的用途合理利用土地的义务

◆ 土地所有权和使用权的争议如何解决？

土地所有权和使用权争议，由当事人协商解决；协商不成的，由人民政府处理。

单位之间的争议，由县级以上人民政府处理；个人之间、个人与单位之间的争议，由乡级人民政府或者县级以上人民政府处理。

当事人对有关人民政府的处理决定不服的，可以自接到处理决定通知之日起 30 日内，向人民法院起诉。

在土地所有权和使用权争议解决前，争议双方都不得改变土地利用现状。

◆ 什么是基本农田？

基本农田是指根据一定时期人口和国民经济对农产品的需要以及对建设用地的预测，而确定的长期不得占用和基本农田保护区规划期内不得占用的耕地。基本农田有一定的时间性，它由长期不得占用的耕地和规划期内不得占用的耕地组成。

各省、自治区、直辖市划定的基本农田应当占本行政区域内耕地的 80% 以上。

◆ 我国被划为基本农田保护区的土地有哪些？

1998 年 2 月国务院发布的《基本农田保护条例》，自 1999 年 1 月 1 日起实施。基本农田保护区指为对基本农田实行特殊保护而划定的区域。

根据土地利用总体规划，可划入基本农田保护区并进行严格管理的有：①经国务院有关主管部门或者县级以上地方人民政府批准确定的粮、棉、油生产基地内的耕地；②有良好的水利与水土保持设施的耕地，正在实施改造计划以及可以改造的中、低产田；③蔬菜生产基地；④农业科研、教

学试验田；⑤国务院应当划入基本农田保护区的其他耕地。

基本农田保护区以乡（镇）为单位进行划区定界，由县级人民政府土地行政管理部门会同同级农业行政主管部门组织实施。

◆ **基本农田保护"五不准"是什么？**

(1) 不准非农建设占用基本农田（法律规定的除外）。

(2) 不准以退耕还林为名违反土地利用总体规划减少基本农田面积。

(3) 不准占用基本农田进行植树造林、发展林果业。

(4) 不准在基本农田内挖塘养鱼和进行畜禽饲养，以及其他严重破坏耕作层的生产经营活动。

(5) 不准占用基本农田进行绿色通道和绿化隔离带建设。

◆ **我国《土地管理法》中对于土地保护有哪些要求？**

（1）各级人民政府应当采取措施，维护排灌工程设施，改良土壤，提高地力，防止土地荒漠化、盐渍化、水土流失和污染土地。

（2）非农业建设必须节约使用土地，可以利用荒地的，不得占用耕地；可以利用劣地的，不得占用好地。

（3）禁止任何单位和个人占用耕地建窑、建坟或者擅自在耕地上建房、挖砂、采石、采矿、取土等，禁止占用基本农田发展林果业和挖塘养鱼。此外，还禁止任何单位和个人闲置、荒芜耕地。

（4）已经办理审批手续的非农业建设占用耕地，1年内不用而又可以耕种并收获的，应当由原耕种该幅耕地的集体或者个人恢复耕种，也可以由用地单位组织耕种；1年以上未动工建设的，应当按照省、自治区、直辖市的规定缴纳闲置费；连续2年未使用的，经原批准机关批准，由县级以上人民政府无偿收回用地单位的土地使用权；该土地原为农民集体所有的，应当交由原农村集体经济组织恢复耕种。承包经营耕地的单位或者个人连续2年弃耕抛荒的，原发包单位应当终止承包合同，收回发包的耕地。

◈ 我国刑法中规定的违反耕地保护的法律责任是什么？

违反土地管理法规，非法占用耕地改作他用，数量较大，造成耕地大量毁坏的，处5年以下有期徒刑或者拘役，并处或者单处罚金。

国家机关工作人员徇私舞弊，违反土地管理法规，滥用职权，非法批准征用、占用土地，或者非法低价出让国有土地使用权，情节严重的，处3年以下有期徒刑或者拘役；致使国家或者集体利益遭受特别重大损失的，处3年以上7年以下有期徒刑。

◈ 我国的占用耕地补偿制度是如何规定的？

我国实行占用耕地补偿制度是指非农业建设经批准占用耕地的，按照"占多少，垦多少"的原则，由占用耕地的单位负责开垦与所占用耕地的数量和质量相当的耕地；没有条件开垦或者开垦耕地不符合要求的，应当按照省、自治区、直辖市的规定缴纳耕地开垦费，专款用于开垦新的耕地。

占用耕地补偿制度是实现耕地占补平衡的一项重要法律措施。耕地占补平衡是占用耕地单位和个人的法定义务。占用耕地补偿制度要求做到占一补一、占补平衡，从而坚决守住"基本农田"这条红线，坚决制止违法占用基本农田，确保我国基本农田总量不减少、质量不降低。

◈ 在哪些情形下，农村集体经济组织可以收回土地使用权？

农村集体经济组织在报经原批准用地的人民政府批准的前提下，可以收回土地使用权，但若是因为乡（镇）村公共设施和公益事业建设，需要使用土地而收回农民集体所有的土地时，政府对土地使用权人应当给予适当补偿。可收回土地使用权的情形有：

（1）当乡（镇）村公共设施和公益事业建设，需要使用土地时，或者承包人不按照批准的用途使用土地的。

（2）承包人因撤销、迁移等原因而停止使用土地的。

◆ 我国土地征收政策是什么？

土地征收是国家为了公共利益需要，以补偿为条件，依法强制将农村集体所有的土地，转为国家所有的城市用地的行为。征收的法律后果是土地所有权的改变，土地所有权由农民集体所有变为国家所有。

征收土地是一种政府权力，土地征收的主体只能是政府，并且土地征收具有强制性，被征收的单位或集体和个人必须服从，不得阻挠土地征收征用。土地征收征用具有补偿性，土地征收征用必须给与被征收征用者合理公平的补偿。

◆ 我国法律对征用土地公告有什么要求？

按照《征用土地公告办法》规定，征用农民集体所有土地的，必须首先将征用土地方案和征地补偿、安置方案在被征用土地所在地的村、组内以书面形式公告。其中，征用乡（镇）农民集体所有土地的，在乡（镇）人民政府所在地进行公告。被征用土地所在地的市、县人民政府应当在收到征用土地方案批准文件之日起10个工作日内进行征用土地公告，该市、县人民政府土地行政主管部门负责具体实施。

◆ 征用土地公告应包括哪些内容？

（1）征地批准机关、批准文号、批准时间和批准用途。

（2）被征用土地的所有权人、位置、地类和面积。

（3）征地补偿标准和农业人员安置途径。

（4）办理征地补偿登记的期限、地点。

◈ 征地补偿登记手续怎样办理？

被征地农村集体经济组织、农村村民或者其他权利人应当在征用土地公告规定的期限内持土地权属证书到指定地点办理征地补偿登记手续。被征地农村集体经济组织、农村村民或者其他权利人未如期办理征地补偿登记手续的，其补偿内容以有关市、县土地行政主管部门的调查结果为准。

◈ 发布征地补偿、安置方案公告的时限是多长？

有关市、县人民政府土地行政主管部门会同有关部门根据批准的征用土地方案，在征用土地公告之日起45日内以被征用土地的所有权人为单位拟订征地补偿、安置方案并予以公告。

◈ 征地补偿、安置方案公告的内容包括什么？

征地补偿、安置方案公告应当包括下列内容：

（1）本集体经济组织被征用土地的位置、地类、面积，地上附着物和青苗的种类、数量，需要安置的农业人口的数量。

（2）土地补偿费的标准、数额、支付对象和支付方式。

（3）安置补助费的标准、数额、支付对象和支付方式。

（4）地上附着物和青苗的补偿标准和支付方式。

（5）农业人员的具体安置途径。

（6）其他有关征地补偿、安置的具体措施。

◈ 如何处理有异议的征地补偿、安置方案？

（1）被征地农村集体经济组织、农村村民或者其他权利人对征地补偿、安置方案有不同意见的或者要求举行听证会的，应当在征地补偿、安置方案公告之日起10个工作日内向有关市、县人民政府土地行政主管部门提出。

（2）有关市、县人民政府土地行政主管部门应当研究被征地农村集体经济组织、农村村民或者其他权利人对征地补偿、安置方案的不同意见。对当事人要求听证的，应当举行听证会。

（3）确需修改征地补偿、安置方案的，应当依照有关法律、法规和批准的征用土地方案进行修改。

（4）有关市、县人民政府土地行政主管部门将征地补偿、安置方案报市、县人民政府审批时，应当附具被征地农村集体经济组织、农村村民或者其他权利人的意见及采纳情况，举行听证会的，还应当附具听证笔录。

◆ **如何实施被批准的征地补偿、安置方案**？

征地补偿、安置方案经批准后，由有关市、县人民政府土地行政主管部门组织实施。

有关市、县人民政府土地行政主管部门将征地补偿、安置费用拨付给被征地农村集体经济组织后，市、县人民政府土地行政主管部门有权要求该农村集体经济组织在一定时限内提供支付清单，有权督促有关农村集体经济组织将征地补偿、安置费用收支状况向本集体经济组织成员予以公布，以便被征地农村集体经济组织、农村村民或者其他权利人查询和监督。

市、县人民政府土地行政主管部门应当受理对征用土地公告内容和征地补偿、安置方案公告内容的查询或者实施中问题的举报，接受社会监督。

◆ **如何对违法征用土地行为进行处理**？

（1）未依法进行征用土地公告的，被征地农村集体经济组织、农村村民或者其他权利人有权依法要求公告，有权拒绝办理征地补偿登记手续。

（2）未依法进行征地补偿、安置方案公告的，被征地农村集体经济组织、农村村民或者其他权利人有权依法要求公告，有权拒绝办理征地补偿、安置手续。

（3）因未按照依法批准的征用土地方案和征地补偿、安置方案进行补偿、安置引发争议的，由市、县人民政府协调；协调不成的，由上一级地方人民政府裁决。

征地补偿、安置争议不影响征用土地方案的实施。

◆ **我国对征用土地的批准权限是怎样规定的**？

征用基本农田和基本农田以外的耕地超过35公顷的，其他土地超过70公顷的，需由国务院批准。征用上述规定以外的，由省、自治区、直辖市人民政府批准，并报国务院备案。

征用农用地的，首先要依法先行办理农用地转用审批。其中，经国务院批准农用地转用的，同时办理征地审批手续，不再另行办理征地审批；经省、自治区、直辖市人民政府在征地批准权限内农用地转用的，同时办理征地审批手续，不再另行办理征地审批。

◈ 什么是补偿标准争议权？

该权利体现在《土地管理法实施条例》第25条第3款中："对补偿标准有争议的，由县级以上地方人民政府协调；协调不成的，由批准征用土地的人民政府裁决。""争议权"的行使分为两个阶段：①对补偿标准不服的，向县级人民政府申请协调；②协调机关协调不成，向征地批准机关申请裁决。

◈ 为何赋予被征地农民"补偿标准争议权"？

征地补偿标准一般由国土部门根据被征用土地的年产值和法律规定的倍数确定，并听取被征地农民的意见，必要时还应举行听证（补偿方案听证权），但最终的补偿方案仍由具体实施征地的国土部门制定。因此被征地农民的权利有可能得不到充分保障。所以我国法律在征地方案确定后，又赋予被征地农民一项"补偿标准争议权"。

◈ 征用土地应如何给与补偿？

征用耕地的补偿费用包括土地补偿费、安置补助费以及地上的附着物和青苗补偿费。

（1）土地补偿费，为该耕地被征用前3年平均年产值的6～10倍。

（2）安置补助费是国家征用土地时，为安置被征地单位的生产、生活而向其支付的款项。它按照需要安置的农业人口数计算。需要安置的农业人口数，按照被征用的耕地数量除以征地前被征用单位平均每人占有耕地的数量计算。每一个需要安置的农业人口的安置补助费标准，为该耕地被征用前3年平均年产值的4～6倍。但是，每公顷被征用耕地的安置补助费，最高不得超过被征用前3年平均年产值的15倍。

如果支付土地补偿费和安置补助费，尚不能使需要安置的农民保持原有生活水平的，经省、自治区、直辖市人民政府批准，可以增加安置补助费。但是，土地补偿费和安置补助费的总和不得超过土地被征收前3年平均年产值的30倍。国务院根据社会经济发展水平，在特殊情况下，可以提高征收耕地的土地补偿费和安置补助费的标准。

（3）被征用土地上的附着物和青苗补偿标准，按省、自治区、直辖市的规定执行；征用城市郊区的菜地，用地单位应当按照国家有关规定缴纳新菜地开发建设基金。

◆ **征收土地过程中，农民享有的权利有哪些**？

（1）土地所有权及使用权。即维护农民集体土地所有权和农民土地承包经营权不受违法行为的侵害。

（2）预征知情权。即在征地依法报批前，政府应将预征收土地的用途、位置、补偿标准、安置途径告知被征地农民。

（3）调查结果确认权。指预征土地现状调查结果须经被征地农村集体经济组织和农户确认。

（4）申请预征听证权。经农户申请，国土资源部门应依照有关规定组织听证。

（5）参与报批权。被征地农民知情、确认的有关材料为各级政府在征地报批时的必备材料。

（6）批复结果知情权。土地征收批复文件下达 10 日内，人民政府应将批复结果公告给被征收土地的农民。公告地点为被征土地所在的村、组，征收乡（镇）集体土地的，在乡（镇）政府所在地公告。特别应注意的是，村民应自公告之日起 60 日内依法提出行政复议。如果走上访途径将失去法律途径救济的机会，因为行政复议、行政诉讼的时效是从公告之日起计算，并且不因上访而延长，但政府没有公告的则另当别论。

（7）土地补偿知情权。土地补偿征收公告后 45 日内，由国土资源局对土地补偿、安置方案进行公告。

（8）调查结果核准权。办理征地补偿登记手续时，对土地行政主管部门的调查结果进一步核准。

（9）补偿方案听证权。是指在征地实施机关将拟定的征地补偿方案报有权机关批准后，依法进行《补偿安置方案公告》，征地实施机关再次听取被征地农民的意见，被征地农民仍享有申请听证的权利。对征地补偿、安置方案有不同意见的或者要求举行听证会的，应当在征地补偿、安置方案公告之日起 10 个工作日内向有关市、县人民政府土地行政主管部门提出。

（10）要求公告权和拒绝补偿登记权。未依法进行征用土地公告的，被征地农村集体经济组织、农村村民或者其他权利人有权依法要求公告，有权拒绝办理征地补偿登记手续。

（11）要求公告权和拒绝办理补偿、安置手续权。即未依法进行征地补偿、安置方案公告的，被征地农村集体经济组织、农村村民或者其他权利人有权依法要求公告，有权拒绝办理征地补偿、安置手续。

（12）对补偿标准争议权。即未按照依法批准的征用土地方案和征地补偿、安置方案进行补偿的，有权提出协调申请，同时有权提出裁决申请。

（13）拒绝履行政令权。土地补偿费未全额到位有权拒绝交出土地，有权阻止施工。

（14）恢复耕种权。土地征收批复后 2 年内没有实施，造成土地荒芜的应由批准的政府批准收回，交由原集体经济组织恢复耕种。

（15）违法举报权。任何单位和个人对违法占用土地等行为都有权举报。

（16）享受社保权。征收农民土地时应保障农民的长远生计。

◈ 村民未经批准非法占用、非法转让土地应如何处理？

（1）农村村民未经批准或者采取欺骗手段骗取批准，非法占用土地建住宅的，由县级以上地方人民政府土地行政主管部门责令退还非法占用的土地，限期拆除在非法占用的土地上新建的房屋。此外，超过省、自治区、直辖市规定的标准，多占的土地以非法占用土地论处。

（2）买卖或者以其他形式非法转让土地的，由县级以上人民政府土地行政主管部门没收违法所得。

（3）对违反土地利用总体规划，擅自将农用地改为建设用地的，限期拆除在非法转让的土地上新建的建筑物和其他设施，恢复土地原状；对符合土地利用总体规划的，没收在非法转让的土地上新建的建筑物和其他设施；对非法转让者可以并处罚款；对直接负责的主管人员和其他直接责任人员，依法给予行政处分，构成犯罪的，依法追究刑事责任。

◈ 土地复垦指的是什么？

土地复垦，是指对在生产建设过程中，因挖损、塌陷、压占等造成破坏的土地，采取整治措施，使其恢复到可供利用状态的活动。

国家鼓励开垦荒山、荒地、荒滩，但不能盲目滥垦。开垦土地应履行一定的法律程序，按照土地开发整理规划进行，要注意协调长远利益和眼前利益的关系，达到经济效益、社会效益、生态效益的有机统一。要加强对土地保护管理，各级政府应当采取措施，维护排灌工程设施，改良土壤，提高地力，防止土地荒漠化、盐渍化、水土流失和污染土地。

◈ 我国的土地复垦政策主要有哪些？

国务院于1988年颁布了《土地复垦规定》，对土地复垦的内容做了具体的叙述。我国的土地复垦政策主要有：①实行"谁破坏、谁复垦"的政策；②有计划分步骤地进行土地复垦；③妥善处理好土地复垦之间的各种关系；④土地复垦资金渠道的落实；⑤土地复垦违纪的处分。加强土地复垦，可以有效缓解人地矛盾，改善被破坏区的生态环境。

◈ 我国土地生态政策主要有什么？

（1）人与土地生态系统的协调发展政策。即在处理人地关系时，我们要严格控制人口增长，实现人地协调。

（2）环境保护政策。即预防为主、防治结合、综合治理；"谁污染、谁治理"；综合技术改造，防治工业污染；强化管理。

（3）农业生产的合理布局政策。即根据区划成果，从各地自然资源优势出发，做到宜农则农、宜林则林、宜牧则牧，农林牧副渔全面发展，农工商综合经营，从而突破自然经济单一型的生产结构。发展我国优势山水资源，向生产的深度和广度进军，提高农村经济水平，切实改善农业生态环境，形成良性循环的土地生态系统。

（4）发展生态农业的政策。即根据生态学和经济学的原理，应用现代科学技术方法建立和发展起来的一种多层次、多结构、多功能的集约经营管理的综合农业生产体系，达到治沙、治碱、控制水土流失的最优结局。

（5）生态环境教育政策。即对人们进行生态环境教育，提高人们的生态环境意识。

◈ 有关我国土地经营方面的"四补贴"都是什么？

（1）国家对粮食生产区实行种粮直接补贴，简称粮食直补。一般按粮食种植面积每亩补贴若干元。2006年国家将种粮直接补贴的资金规模提高到粮食风险基金的50%以上。

（2）国家对种粮农民采用的良种实行补贴，简称良种补贴。

（3）国家对农民购置大型农机具实行补贴。

（4）国家对农民购买农业生产资料进行补贴。

◈ 中央财政对农作物良种补贴的对象是什么？

《中央财政农作物良种补贴资金管理办法》所称的农作物良种，是指经国家或省级农作物品种审定委员会审定，适合推广应用，符合农业生产需要和市场前景较好的农作物品种。

良种补贴资金的补贴对象是在农业生产中使用农作物良种的农民。农民可根据自己的意愿，遵从品质优先、遵守市场公开的原则，自主选择使用在发布的品种目录内的农作物良种。

◈ 农作物良种补贴的范围是什么？

良种补贴范围是国家规定补贴品种的种植区域。中央财政补贴的农作物品种包括水稻、小麦、玉米、大豆、油菜、棉花和国家确定的其他农作物品种。

全覆盖补贴品种的范围按补贴品种的实际种植面积核定；未全覆盖补贴品种的范围由农业部、财政部根据国家政策确定。

◈ 农作物良种补贴的标准是多少？

良种补贴标准是：早稻10元/亩；中稻、晚稻15元/亩；小麦10元/亩；玉米10元/亩；大豆10元/亩；油菜10元/亩；棉花15元/亩。良种补贴标准由财政部、农业部根据国家政策确定，如有调整，按新标准执行。

水稻、玉米、油菜采用现金直接补贴方式，具体发放形式由各省按照简单便民的原则自行确定。小麦、大豆、棉花采用现金直接补贴或差价购种补贴方式。采用差价购种补贴的，由省级农业、财政等部门组织良种的统一招标，中标单位实行统一供种，供种单位登记销售清册，购种农民签字确认。

◈ 我国农业机械购置补贴的对象是什么？

我国农业机械购置补贴对象为纳入实施范围并符合补贴条件的农牧渔民、农场（林场）职工、直接从事农机作业的农业生产经营组织、取得当地工商登记的奶农专业合作社、奶畜养殖场所办生鲜乳收购站和乳品生产企业参股经营的生鲜乳收购站。

◈ 在申请补贴人数超过计划指标时，补贴对象的优选条件是什么？

①农民专业合作组织；②农机大户、种粮大户；乳品生产企业参股经营的生鲜乳收购站、奶农专业合作社、奶畜养殖场所办生鲜乳收购站；③列入农业部科技入户工程中的科技示范户；④"平安农机"示范户。同时，对报废更新农业机械、购置主机并同时购置配套农具的要优先补贴。

申请人员的条件相同或不易认定时，按照公平、公正、公开的原则，采取农民易于接受的方式确定。

◈ 我国农业机械购置补贴的范围是什么？

农业机械购置补贴覆盖全国所有农牧业县（场），适当向粮棉油作物重点种植地区、农作物病虫害专业化防治地区、养殖业重点发展区、血吸虫病防疫区县、保护性耕作示范地区、农机化示范区等地倾斜。

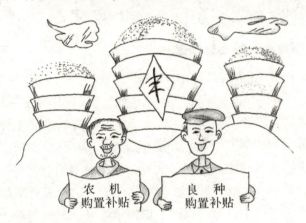

◈ 我国农业补贴机具种类有什么？

补贴机具种类主要有耕整地机械、种植施肥机械、田间管理机械、收获机械、收获后处理机械、农产品初加工机械、排灌机械、畜牧水产养殖机械、动力机械、农田基本建设机械、设施农业设备和其他机械等12大类、46个小类、180个品目机具。除这180个品目外，各地还可以在12大类内自行增加不超过30个品目的其他机具列入中央资金补贴范围。

背负式小麦联合收割机、皮带传动轮式拖拉机、运输机械、农用航空器、内燃机、燃油发电机组、风力设备、水力设备、太阳能设备、包装机械、牵引机械、设施农业的基建部分及黄淮海地区玉米籽粒联合收割机不列入中央资金补贴范围。

◈ 我国农机具购置补贴标准是多少？

全国总体上继续执行不超过30%的补贴比例。重点防疫区补贴比例可提高到 50%。单机补贴额原则上最高不超过 5 万元。100 马力以上大型拖拉机、高性能青饲料收获机、大型免耕播种机、挤奶机械、大型联合收割机、水稻大型浸种催芽程控设备、烘干机单机补贴限额可提高到 12 万元；大型棉花采摘机、甘蔗收获机、200 马力以上拖拉机单机补贴额可提高到 20 万元。在此基础上，各地可根据本地实际需要，利用地方财政资金对当地农业生产急需和薄弱环节的机具给予累加补贴。

◆ 我国对农产品生产都有哪些规定？

根据我国《农产品质量安全法》规定，为保证农产品质量安全，国务院农业行政主管部门和省、自治区、直辖市人民政府农业行政主管部门应当制定保障农产品质量安全的生产技术要求和操作规程。县级以上人民政府农业行政主管部门应当加强对农产品生产的指导。

对可能影响农产品质量安全的农药、兽药、饲料和饲料添加剂、肥料、兽医器械，依照有关法律、行政法规的规定实行许可制度。国务院农业行政主管部门和省、自治区、直辖市人民政府农业行政主管部门应当定期对可能危及农产品质量安全的农药、兽药、饲料和饲料添加剂、肥料等农业投入品进行监督抽查，并公布抽查结果。县级以上人民政府农业行政主管部门应当加强对农业投入品使用的管理和指导，建立健全农业投入品的安全使用制度。

农业科研教育机构和农业技术推广机构应当加强对农产品生产者质量安全知识和技能的培训。

◆ 我国对农产品生产企业和农民专业合作经济组织的生产活动有何要求？

农产品生产企业和农民专业合作经济组织应当建立农产品生产记录。农产品生产记录应当保存 2 年。禁止伪造农产品生产记录。

禁止农产品生产者在农产品生产过程中使用国家明令禁止使用的农业投入品。

农产品生产企业和农民专业合作经济组织，应当自行或者委托检测机构对农产品质量安全状况进行检测；经检测不符合农产品质量安全标准的农产品，不得销售。农民专业合作经济组织和农产品行业协会对其成员应当及时提供生产技术服务，建立农产品质量安全管理制度，健全农产品质量安全控制体系，加强自律管理。

◆ 我国对涉农税收的优惠政策有哪些？

为促进农民增加收入，我国对涉农税收采取优惠政策，包括：

（1）农民从事种植业、养殖业、饲养业、捕捞业取得的所得，已缴纳农业税、牧业税的，不缴纳个人所得税。

（2）取消农业特产税、减征或免征农业税或牧业税后，农民取得的农业特产所得和从事种植业、养殖业、饲养业、捕捞业取得的所得，仍暂不缴纳个人所得税。

（3）取消农业特产税，减征、免征农业税或牧业税后，农民销售自产农产品的所得，仍暂不缴纳个人所得税。

（4）农民销售水产品、畜牧产品、蔬菜、果品、粮食和其他农产品，月销售额不到五千元或每次（日）销售额不到两百元的，不缴纳增值税。如果农民在销售上述农产品的同时还销售其他非农产品，其中农产品销售额占整个销售额一半以上的，月销售额不到五千元或每次（日）销售额不到两百元的，也不缴纳增值税。

（5）无固定生产经营场所的流动性农村小商小贩，不必办理税务登记。

◆ 中央关于国土开发中增加投入的内容有哪些？

（1）提高耕地占用税税率，新增税收应主要用于"三农"。

（2）土地出让金一部分收入用于农业开发。并且国家已要求抓紧制定土地出让金一部分收入用于农业土地开发的管理和监督办法。

（3）土地出让金用于农业土地开发的部分和新增建设用地有偿使用费安排的土地开发整理项目，都要将小型农田水利设施建设作为重要内容，建设标准农田。

◆ 什么是土地整理？

土地整理主要是指农用土地整理，根据有关文件的要求，我国土地整理要按照土地利用总体规划的要求，通过对田、水、林、村进行综合整治，搞好土地建设，提高耕地质量，增加有效耕地面积，改善农业生产环境。我国鼓励土地整理，地方各级人民政府应当采取措施，改造中低产田，整理闲散地和废弃地。

◈ 土地整理的任务有哪些？

（1）增加耕地面积，提高土地利用率。即在挖掘现有农地利用潜力的前提下，通过土地整理的多种方法和手段来增加有效耕地面积，以弥补建设对耕地的占用，促进耕地总量动态平衡目标的实现。

（2）扩大综合生产能力，提高土地产出率。即通过土地利用方式、强度的调整，改善土地生产、生态条件，保持和提高土地再生产的能力，以持续获得人们生产和生活所需要的产品。

（3）调整土地关系，使土地关系适应土地生产力提高的要求。按照社会生产力发展的要求，对土地利用中产生的人与人及人与地之间的关系予以调整和适度组织重配，主要是解决土地调整后的土地产权问题。

（4）提高全社会现代化水平，为现代化建设提供广阔的土地资源空间。

（5）实现土地资源的景观功能，充分考虑土地整理后的生态、社会效益。

◈ 我国基层土地管理机构是怎样设置的？

目前我国大部分地区农村在乡（镇）和村两级设立了基层土地管理机构。在乡（镇）设立的国土资源所，由县（市、旗）人民政府管理，是县（市、旗）国土资源主管部门的派出机构。

◈ 我国基层土地管理机构的职责、职能是什么？

我国基层土地管理机构主要职责是负责本辖区内的土地管理工作。其职能是：

（1）宣传和执行土地管理法规、政策，开展土地国情国策教育，协助上级机关查处土地违法案件。

（2）参与编制乡（镇）村土地利用和建设规划，执行年度用地计划，参加非农业建设用地选址，办理农民建房和乡村集体建设用地的审批、呈报工作。

（3）监督检查土地法规的实施及用地单位和个人保护、利用土地的情况，协助调处土地权属纠纷。

（4）做好日常地籍管理工作，核定和填报有关土地统计资料。

（5）承办乡（镇）人民政府和县级土地管理部门交办的其他工作。

农村土地管理作为全国土地和城乡地政管理的重要组成部分，要具体执行国家土地管理政策措施，要切实保障农村集体土地所有权，促进农村土地资源的合理利用。

◆ 土地管理部门履行监督检查职责时，有权采取的措施有什么？

（1）要求被检查的单位或者个人提供有关土地权利的文件和资料，进行查阅或者予以复制。

（2）要求被检查的单位或者个人就有关土地权利的问题做出说明。

（3）进入被检查的单位或者个人非法占用的土地现场进行勘测。

（4）责令非法占用土地的单位或者个人停止违反土地管理法律、法规的行为。

二、土地经营权

◆ 什么是土地承包经营权？

土地承包经营权是指土地承包经营户在其承包期限内依法对集体所有的土地享有占有、经营、使用和收益的权利。即承包人（个人或单位）因从事种植业、林业、畜牧业、渔业生产或其他生产经营项目而对集体所有或国家所有的土地或森林、山岭、草原、荒地、滩涂、水面等资源占有、经营、使用、收益的权利。

土地承包经营权是反映我国经济体制改革中农村承包经营关系的新型物权。并且，承包经营权虽然产生于承包合同，但不限于承包人与集体组织间的财产关系，而是一种与债权具有不同性质的物权，并且也是传统民法的物权种类所不能包括的新型物权。

◆ 农业土地经营指的是什么？

农业土地经营以土地为劳动手段和劳动对象，通过开发和利用土地肥力来获取生物产品，是土地经营的基本内容。农业土地经营的好坏除了受经营者的主观条件和社会经济因素的影响和制约外，土地本身的肥力和位置对经营状况也有重要影响。

◈ 土地承包经营权的标的是什么？

土地承包经营权是存在于集体所有或国家所有的土地或森林、山岭、草原、荒地、滩涂、水面的权利。这就是说，承包经营权的标的，是集体所有或国家所有的土地或森林、山岭、草原、荒地、滩涂、水面，而不是其他财产。有的集体组织，按承包人承包土地的数量，作价或不作价地分给承包人部分耕畜、农具或其他生产资料，这是附属于承包经营权的权利。承包经营权是承包、使用、收益集体所有或国家所有的土地或森林、山岭、草原、荒地、滩涂、水面的权利。

◈ 土地承包经营权的行使范围是什么？

承包经营权是为种植业、林业、畜牧业、渔业生产或其他生产经营项目而对集体所有或国家所有的土地等生产资料承包、使用、收益的权利。这里的种植，不仅是指种植粮食、棉花、油料等作物，也包括树木、茶叶、蔬菜等。另外，在承包的土地或森林、山岭、草原、荒地、滩涂、水面经营林业、牧业、渔业等，都属承包经营权的范围。

承包人对于承包土地等生产资料有权独立进行占有、使用、收益，进行生产经营活动，并排除包括集体组织在内的任何组织或个人的非法干涉。这里应当指出的是，承包人并不取得承包土地或其他生产资料的全部收益的所有权，而是要依约定数额（承包合同）将一部分收益交付与发包人，其余的收益归承包人所有。

◈ 如何理解承包经营权是有一定期限的权利？

根据《土地管理法》第14条、第15条的规定，农民集体经济组织的成员承包本集体经济组织的土地，从事种植业、林业、畜牧业、渔业生产的，其期限为30年。在土地承包经营期限内，对个别承包经营者之间承包的土地进行适当调整的，必须经村民会议2／3以上成员或者2／3以上村民代表的同意，并报乡（镇）人民政府和县级人民政府农业行政主管部门批准。

单位、个人承包经营国有土地，或者集体经济组织以外的单位、个人承包经营集体所有的土地，从事种植业、林业、畜牧业、渔业生产，土地承包经营的期限由承包合同约定。该期限虽然由当事人在承包合同中加以约定，但应当根据从事承包经营事业的具体情况，确定承包经营的期限。例如开发性的承包经营（如开荒造林），由于生产周期较长，需要多年的投资，期限可以长些。这既有利于土地的开发利用，也可以避免承包期限过长不利于对土地所有权的保护。

◆ 我国法律是如何对土地承包经营权的取得进行规定的？

土地承包经营权的取得，有基于民事行为的，也有非基于民事行为的：

一方面，基于民事行为取得承包经营权，包括创设取得和移转取得两种情况。另一方面，非基于民事行为而取得承包经营权，主要是继承问题。继承法第3条规定的遗产范围中没有规定承包经营权，因此在我国民法学界对于承包经营权能否继承有不同的看法。《农村土地承包法》认可承包人应得的承包收益的继承，而有限地认可土地承包经营权的继承。

◆ 土地承包经营权的创设取得指的是什么？

土地承包经营权的创设取得，主要是指承包人与发包人通过订立承包经营合同而取得承包经营权，分为家庭承包与以招标、拍卖、公开协商等方式进行的承包。通过这两种方式承包的，都应当签订承包合同，承包合同自成立之日起生效，承包方于合同生效时取得土地承包经营权。

县级以上地方人民政府应当向土地承包经营权人发放土地承包经营权证、林权证、草原使用权证，并登记造册，确认土地承包经营权。

◆ 土地承包经营权的移转取得指的是什么？

土地承包经营权的移转取得，是指在土地承包经营权的流转过程中，受让人通过转包、互换、转让等方式，依法从承包人手中取得土地承包经营权。我国物权法规定，土地承包经营权人依照农村土地承包法的规定，有权将土地承包经营权采取转包、互换、转让等方式流转。流转的期限不得超过承包期的剩余期限。未经依法批准，不得将承包地用于非农建设。

土地承包经营权人将土地承包经营权互换、转让，当事人要求登记的，应当向县级以上地方人民政府申请土地承包经营权变更登记。

通过招标、拍卖、公开协商等方式承包荒地等农村土地，依照《农村土地承包法》等法律和国务院的有关规定，其土地承包经营权可以转让、入股、抵押或者以其他方式流转。

◆ 土地承包遵循怎样的程序？

土地承包应当按照以下程序进行：

（1）由本集体经济组织成员的村民会议选举产生承包工作小组。

（2）承包工作小组依照法律、法规的规定拟订并公布承包方案。

（3）依法召开本集体经济组织成员的村民会议，讨论通过承包方案。

（4）公开组织实施承包方案。

（5）签订承包合同。

◆ 承包合同应包括哪些内容？

承包合同一般包括以下条款：

（1）发包方、承包方的名称，发包方负责人和承包方代表的姓名、住所。

（2）承包土地的名称、坐落、面积、质量等级。

（3）承包期限和起止日期。

（4）承包土地的用途。

（5）发包方和承包方的权利和义务。

（6）违约责任。

◆ 土地承包经营中，承包人的权利有哪些？

在农村土地承包经营法律关系中，承包人享有以下权利：

（1）占有承包的土地以及森林、山岭、草原、荒地、滩涂、水面的，承包人有权从集体组织中取得一定数量、质量、位置的土地以及森林、山岭、草原、荒地、滩涂、水面，这是承包人进行生产经营活动的前提。

（2）使用承包的土地或其他生产资料，独立进行生产经营活动。

（3）收取承包土地或其他生产资料的收益，并取得依约定数额向发包人支付收益后所余收益的所有权。公民个人的承包收益，可以继承。

（4）转让承包经营权，这是承包人对其承包权的处理，一般是承包人无劳动力或转营他业而将承包的土地转包。转让承包经营权的收益应归承包人所有。

（5）承包人承包土地以后，仍有权按集体组织规定的制度使用集体组织所有的农林设施，如灌溉设施、农机具等。

（6）承包地被征收的，土地承包经营权人有权依法获得相应补偿。

◆ **土地承包经营中，承包人的义务有哪些**？

（1）妥善使用承包的土地以及森林、山岭、草原、荒地、滩涂、水面。这不仅要求承包人不得在承包土地上盖房、建窑、建坟，不准进行掠夺性经营；而且还要求承包人根据土地的条件，合理使用、保存、改良土地，提高地力。

（2）承包人应依承包合同规定的数额向集体组织交付承包土地或森林、山岭、草原、荒地、滩涂、水面的收益。

（3）承包人应独立承担风险。承包人承包土地以后，独立进行生产经营活动，除了发生不可抗力，承包人承担的交付约定数额的承包收益的义务可以减免外，对于在生产经营中的其他各种风险概由承包人自己承担。

（4）承包人应当接受集体组织对于其生产经营活动的合法监督、干涉。如承包人连续2年弃耕抛荒的，发包人有权终止承包合同，收回发包的耕地。

◆ 土地承包经营中，发包方的权利有什么？

在土地承包经营中，农村土地承包关系的当事人除了包括作为承包方的本集体经济组织成员的农民，还包括作为发包方的集体经济组织或村民委员会，其权利主要是：

（1）发包本集体所有的土地和国家所有依法由本集体使用的农村土地。

（2）监督承包方依照承包合同约定的内容合理利用和保护土地。

（3）制止承包方损害承包地和农业资源的行为。

（4）法律、行政法规规定的其他权利。

◆ 土地承包经营中，发包方的义务有什么？

（1）维护承包方的土地承包经营权，不得非法变更、解除承包合同。

（2）尊重承包方的生产经营自主权，不得干涉承包方依法进行正常的生产经营活动。

（3）依照承包合同约定为承包方提供生产、技术、信息等服务。

（4）执行县、乡（镇）土地利用总体规划，组织本集体经济组织内的农业基础设施建设。

（5）法律、行政法规规定的其他义务。

◆ 我国是怎样保护妇女的承包经营权的？

农村土地承包经营中，妇女与男子享有平等的权利。承包经营中应当保护妇女的合法权益，任何组织和个人不得剥夺、侵害妇女应当享有的土地承包经营权。承包期内，妇女结婚，在新居住地未取得承包地的，发包方不得收回其原承包地；妇女离婚或者丧偶，仍在原居住地生活或者不在原居住地生活但在新居住地未取得承包地的，发包方不得收回其原承包地。

◆ 农村进城务工者应如何处理原有的承包地？

我国《土地法》明确规定不能撂荒土地，如果因进城务工而使承包的土地撂荒，属于违法行为。因此，农民朋友如果不想放弃土地经营收入，则可以在农闲时进城务工，而在农忙时耕种承包地。但如果农民朋友准备长期进城务工，而又没有其他亲戚朋友帮忙经营土地的，则可以将土地转包给其他希望耕种的人。将土地转包时，双方应签订书面合同，并向发包方（村委会）备案，避免今后可能发生的一些不必要的纠纷。如果不想转给其他人耕种，可以到当地乡一级政府，按规定程序把土地交回村集体。

◆ 我国承包方式有哪些？

（1）转包或出租。承包方可以在一定期限内将部分或者全部土地承包经营权转包或者出租给第三方，承包方与发包方的承包关系不变。承包方将土地交由他人代耕不超过1年的，可以不签订书面合同。

（2）互换。承包方之间为方便耕种或者各自需要，可以对属于同一集体经济组织的土地的土地承包经营权进行互换。承包方有稳定的非农职业或者有稳定的收入来源的，经发包方同意，可以将全部或者部分土地承包经营权转让给其他从事农业生产经营的农户，由该农户同发包方确立新的承包关系，原承包方与发包方在该土地上的承包关系即行终止。

（3）不宜采取家庭承包方式的荒山、荒沟、荒丘、荒滩等农村土地，可以通过招标、拍卖、公开协商等方式承包，也可以将土地承包经营权折股分给本集体经济组织成员后，再实行承包经营或者股份合作经营。

（4）承包方之间为发展农业经济，可以自愿联合将土地承包经营权入股，从事农业合作生产。

◆ 我国是如何加强对土地承包经营权保护的？

（1）在承包期内，发包方不得收回承包地。依照《中华人民共和国农村土地承包法》规定，只有在承包方全家迁入设区的市转为非农业户口，在不主动交回承包地的情况下，发包方才可以收回承包的耕地和草地。

（2）在承包期内，发包方不得调整承包地。只有在因自然灾害严重毁损承包地等特殊情形下，才能对个别农户之间承包的耕地和草地作适当调整。但也不是由村干部说了算，而必须经本集体经济组织成员的村民会议2/3以上成员或者2/3以上村民代表的同意，并报乡（镇）人民政府和县级人民政府农业等行政主管部门批准才能调整承包的耕地和草地。这些都体现了大稳定的精神。

（3）特别强调了对妇女承包经营权的保护。在承包期内，妇女结婚，在新居住地未取得承包地的，发包方不得收回其原承包地；妇女离婚或者丧偶，仍在原居住地生活或者不在原居住地生活但在新居住地未取得承包地的，发包方不得收回其原承包地。

（4）对承包经营权的继承做出了规范。

◆ 我国法律对承包经营权的继承有哪些规定？

（1）所有应得的承包收益继承人都可以继承。

（2）规定林地承包以及通过拍卖、招标等方式取得承包经营权的承包人死亡，其继承人可以在承包期内继续承包。

（3）土地承包是以农户家庭为单位，承包人是指承包土地的农户家庭，而不是指家庭中的某个成员。承包人死亡是指承包户家庭的人均已死亡的情况。承包耕地、草地的家庭中某一个人死亡，其他成员还在，不发生继承问题，仍由其他成员承包；家庭成员均已死亡的，其承包经营权终止，承包经营权不再由该承包户以外的其他亲属继承。由于林地的承包具有收益慢、周期长、风险大等特点，因此，林地承包的承包人死亡，承包户以外的继承人可以在承包期内继续承包。

◆ 土地承包经营发生纠纷应如何解决？

因土地承包经营发生纠纷的，双方当事人可以通过协商解决，也可以请求村民委员会、乡（镇）人民政府等调解解决。当事人不愿协商、调解或者协商、调解不成的，可以向农村土地承包仲裁机构申请仲裁，也可以直接向人民法院起诉。当事人对农村土地承包仲裁机构的仲裁裁决不服的，可以在收到裁决书之日起 30 日内向人民法院起诉。逾期不起诉的，裁决书即发生法律效力。

◆ 侵犯土地承包经营权的违法行为有哪些？

①发包方侵害承包方生产经营自主权；②违反《土地承包经营法》规定收回、调整承包地；③强迫或者阻碍承包方进行土地承包经营权流转；④假借少数服从多数，强迫承包方放弃或者变更土地承包经营权而进行土

地承包经营权流转；⑤以划分"口粮田"和"责任田"等为由收回承包地，搞招标承包；⑥将承包地收回抵顶欠款；⑦剥夺、侵害妇女依法享有的土地承包经营权以及其他侵害土地承包经营权的行为。

◆ 侵害承包经营权应承担的法律责任有哪些？

《农村土地承包法》规定，任何组织和个人侵害承包方的土地承包经营权的，都应当承担法律责任。侵害土地承包经营权的行为应当承担停止侵害、返还原物、恢复原状、排除妨碍、消除危险、赔偿损失等民事责任。

任何组织和个人强迫承包方进行土地承包经营流转的，该流转无效；截留、扣缴土地承包经营权流转收益的，应当退还。

国家机关及其工作人员有利用职权干涉农村土地承包，变更解除承包合同，干涉承包方依法享有的生产经营自主权，或者强迫、阻碍承包方进行土地承包经营权流转等侵害土地承包经营权的行为，给承包方造成损失的，应当承担损害赔偿等责任；情节严重的，由上级机关或者所在单位给予直接责任人员行政处分；构成犯罪的，依法追究刑事责任。

◆ 我国的土地流转是怎样的？

土地流转全称即农村土地承包经营权流转。也就是说，在土地承包权不变的基础上，农户把自己承包村集体的部分或全部土地，以一定的条件流转给第三方经营。它是土地使用权的流转，是指拥有土地承包经营权的农户将土地经营权（使用权）转让给其他农户或经济组织，即保留承包权，转让使用权。

◆ 农村集体土地使用权流转机制的思路框架是什么？

农村集体土地使用权流转机制的思路框架：按照"土地确权、两权（所有权和使用权）分离、价值显化、市场运作、利益共享"方针，依据土地有偿使用原则，对农业用地和建设用地使用权实行有偿有期限流转制度。农业用地在土地承包期限内，可以通过转包、转让、入股、合作、租赁、互换等方式出让承包权，鼓励农民将承包的土地向专业大户、合作农场和农业园区流转，发展农业规模经营。

◆ 土地流转的主要形式有哪些?

土地流转是家庭承包经营制度的延伸和发展。其主要形式有:

（1）代耕代种。这是指暂时无力或不愿经营承包地的农户,经自行协商临时把承包地交由别人（大多是亲友）代耕代种,原承包合同关系不变,时间、条件一般由双方口头约定。

（2）转包、转让。以此种方式流转土地的主体一方是农户或农民集体组织。

（3）出租、反包倒租。

（4）互换。即单个或者一部分承包户主动或在集体组织指导下与本集体中的其他承包户自愿调整地块,同时交换相应的土地承包经营权,使承包地连片集中的行为。

（5）入股。是指实行家庭承包方式的承包方之间为发展农业经济,将土地承包经营权作为股权,自愿联合从事农业合作生产经营;其他承包方式的承包方将土地承包经营权量化为股权,入股组成股份公司或者合作社等,从事农业生产经营。

◆ 土地承包经营权转让指的是什么?

转让是指承包方有稳定的非农职业或者有稳定的收入来源,经承包方申请和发包方同意,将部分或全部土地承包经营权让渡给其他从事农业生产经营的农户,由其履行相应土地承包合同的权利和义务。转让后原土地承包关系自行终止,原承包方承包期内的土地承包经营权部分或全部丧失。

◆ 土地承包经营权的转包指的是什么?

转包是指承包方将部分或全部土地承包经营权以一定期限转给同一集体经济组织的其他农户从事农业生产经营。转包后原土地承包关系不变,原承包方继续履行原土地承包合同规定的权利和义务。接包方按转包时约定的条件对转包方负责。承包方将土地交他人代耕不足1年的除外。

◆ 土地经营权的出租、反包倒租指的是什么?

出租是指承包方将部分或全部土地承包经营权以一定期限租赁给他人

从事农业生产经营。出租后原土地承包关系不变，原承包方继续履行原土地承包合同规定的权利和义务。承租方按出租时约定的条件对承包方负责。

反包倒租是指乡镇政府或村组织先从农户或集体组织那里租赁土地，然后进行转租并从中谋利的行为。

◆ 土地承包经营权流转应遵循什么原则？

（1）土地承包经营权的流转要以平等协商、自愿、有偿为前提，任何组织和个人不得强迫或者阻碍承包方进行土地承包经营权流转。承包方是土地承包经营权流转的主体，有权依法自主决定土地承包经营权是否流转和流转的方式。

（2）土地承包方不得改变土地所有权的性质和土地的农业用途；承包方可以在一定期限内将部分或者全部土地承包经营权转包或者出租给第三方，承包方与发包方的承包关系不变，但是土地承包方不得将约定流转的期限超过承包期的剩余期限。

（3）土地受让方须有农业经营能力，从而保证土地的农业用途。

（4）在同等条件下，本集体经济组织成员享有优先权，即在条件相同的情况下，如果本集体经济组织内部成员有意承包土地，应当优先发包给组织内部成员。

◆ 土地流转过程中需注意的问题有哪些？

（1）承租方与农户在双方自愿的基础上，协商确定土地承包经营权流转的方式、期限和具体条件。

（2）农户向村里提出流转要求，经村委会备案后报乡镇人民政府农村土地承包管理部门（农经站）。

（3）乡镇人民政府农村土地承包管理部门（农经站）在对承租人的实力和资信情况进行审查的基础上，指导流转双方按协商一致的原则签订流转合同，使用统一格式的农村土地流转合同文本。如发现流转双方有违反法律、法规的约定，要及时予以纠正。

（4）农村土地承包经营权流转合同内容应完善。流转合同一式四份，流转双方各执一份，发包方和乡镇人民政府农村土地承包管理部门（农经站）各执一份。

（5）乡镇农村土地承包管理部门（农经站）应及时对土地流转情况进行登记，并将有关合同及文本资料进行归档保管。

（6）对流转面积在200亩以上的要报县农业主管部门备案。

◆ 土地承包经营权流转合同应包括哪些内容？

土地承包经营权流转合同应包括：①双方当事人的姓名、住所；②流转土地的四至、坐落、面积、质量等级；③流转的期限和起止日期；④流转方式，流转土地的用途；⑤双方当事人的权利和义务；⑥流转价款及支付方式；⑦流转合同到期后地上附着物及相关设施的处理；⑧违约责任。

◆ 哪些情况下土地流转需要办理相应流转合同？

承包方依法取得农村土地承包经营权时，采取转包、出租、互换、转让或者其他符合有关法律和国家政策规定的方式流转。承包方依法采取转包、出租、入股方式将农村土地承包经营权部分或者全部流转的，承包方与发包方的承包关系不变，双方享有的权利和承担的义务不变。

同一集体经济组织的承包方之间自愿将土地承包经营权进行互换，双方对互换土地原享有的承包权利和承担的义务也相应互换，当事人可以要求办理农村土地承包经营权证变更登记手续。

承包方采取转让方式流转农村土地承包经营权的，经发包方同意后，当事人可以要求及时办理农村土地承包经营权证变更、注销或重发手续。承包方之间可以自愿将承包土地入股发展农业合作生产，但股份合作解散时入股土地应当退回原承包农户。

通过转让、互换方式取得的土地承包经营权经依法登记获得土地承包经营权证后，可以依法采取转包、出租、互换、转让或者其他符合法律和国家政策规定的方式流转。

◆ 土地承包经营权流转过程对合同都有哪些要求？

承包方流转农村土地承包经营权，应当与受让方在协商一致的基础上签订书面流转合同。农村土地承包经营权流转合同文本格式由省级人民政府农业行政主管部门确定。

农村土地承包经营权流转合同一式四份，流转双方各执一份，发包方和乡（镇）人民政府农村土地承包管理部门各备案一份。承包方将土地交由他人代耕不超过 1 年的，可以不签订书面合同。承包方委托发包方或者中介服务组织流转其承包土地的，流转合同应当由承包方或其书面委托的代理人签订。

农村土地承包经营权流转当事人可以向乡（镇）人民政府农村土地承包管理部门申请合同鉴证。乡（镇）人民政府农村土地承包管理部门不得强迫土地承包经营权流转当事人接受鉴证。

◈ 我国是如何对土地承包经营权流转进行规定的？

我国《农村土地承包经营权流转管理办法》规定，发包方对承包方提出的转包、出租、互换或者其他方式流转承包土地的要求，应当及时办理备案，并报告乡（镇）人民政府农村土地承包管理部门。

承包方转让承包土地，发包方同意转让的，应当及时向乡（镇）人民政府农村土地承包管理部门报告，并配合办理有关变更手续；发包方不同意转让的，应当于 7 日内向承包方书面说明理由。

◈ 乡（镇）人民政府在农村土地承包管理中的责任有哪些？

（1）乡（镇）人民政府农村土地承包管理部门应当及时向达成流转意向的承包方提供统一文本格式的流转合同，并指导签订。

（2）乡（镇）人民政府农村土地承包管理部门应当建立农村土地承包经营权流转情况登记册，及时准确记载农村土地承包经营权流转情况。以转包、出租或者其他方式流转承包土地的，及时办理相关登记；以转让、互换方式流转承包土地的，及时办理有关承包合同和土地承包经营权证变更等手续。

（3）乡（镇）人民政府农村土地承包管理部门应当对农村土地承包经营权流转合同及有关文件、文本、资料等进行归档并妥善保管。采取互换、转让方式流转土地承包经营权，当事人申请办理土地承包经营权流转登记的，县级人民政府农业行政（或农村经营管理）主管部门应当予以受理，并依照《农村土地承包经营权证管理办法》的规定办理。

（4）乡（镇）人民政府农村土地承包管理部门在指导流转合同签订或流转合同鉴证中，发现流转双方有违反法律法规的约定，要及时予以纠正。

◈ 农村土地承包经营权流转中的争议应如何解决？

农村土地承包经营权流转发生争议或者纠纷，当事人应当依法协商解决。当事人协商不成的，可以请求村民委员会、乡（镇）人民政府调解。当事人不愿协商或者调解不成的，可以向农村土地承包仲裁机构申请仲裁，也可以直接向人民法院起诉。

◈ 我国法律赋予土地承包方怎样的权利？

承包方有权依法自主决定承包土地是否流转、流转的对象和方式。任何单位和个人不得强迫或者阻碍承包方依法流转其承包土地。

农村土地承包经营权流转收益归承包方所有，任何组织和个人不得侵占、截留、扣缴。承包方自愿委托发包方或中介组织流转其承包土地的，应当由承包方出具土地流转委托书。委托书应当载明委托的事项、权限和期限等，并有委托人的签名或盖章。没有承包方的书面委托，任何组织和个人无权以任何方式决定流转农户的承包土地。

◆ **法律对土地承包经营权的受让方有何要求？**

（1）农村土地承包经营权流转的受让方可以是承包农户，也可以是其他按有关法律及有关规定允许从事农业生产经营的组织和个人。在同等条件下，本集体经济组织成员享有优先权。

（2）受让方应当具有农业经营能力。

（3）农村土地承包经营权流转方式、期限和具体条件，由流转双方平等协商确定。承包方与受让方达成流转意向后，以转包、出租、互换或者其他方式流转的，承包方应当及时向发包方备案；以转让方式流转的，应当事先向发包方提出转让申请。受让方应当依照有关法律、法规的规定保护土地，禁止改变流转土地的农业用途。

（4）受让方将承包方以转包、出租方式流转的土地实行再流转，应当取得原承包方的同意。

◆ **如何对受让方在流转期间因投入而提高土地生产能力的行为给与补偿？**

受让方在流转期间因投入而提高土地生产能力的，土地流转合同到期或者未到期由承包方依法收回承包土地时，受让方有权获得相应的补偿。具体补偿办法可以在土地流转合同中约定或双方通过协商解决。

◆ **农村土地承包仲裁委员会的办事原则是什么？**

农村土地承包仲裁委员会依法设立，其日常工作由当地农村土地承包管理部门承担。农村土地承包经营纠纷仲裁，应当公开、公平、公正，便民高效，注重调解，尊重事实，符合法律，遵守社会公德。

◆ **哪些农村土地承包经营纠纷可以向农村土地承包仲裁委员会申请仲裁？**

（1）因订立、履行、变更、解除和终止农村土地承包合同发生的纠纷。

（2）因农村土地承包经营权转包、出租、互换、转让、入股等流转发生的纠纷。

（3）因收回、调整承包地发生的纠纷。

（4）因确认农村土地承包经营权发生的纠纷。

（5）因侵害农村土地承包经营权发生的纠纷。

（6）法律、法规规定的其他农村土地承包经营纠纷。

◆ 不属于仲裁委员会的受理范围的纠纷有什么？

因征收集体所有的土地及其补偿发生的纠纷，不属于仲裁委员会的受理范围，可以通过行政复议或者诉讼等方式解决。

◆ 列入农村土地承包纠纷仲裁机构的受理范围需考虑的因素是什么？

（1）纠纷当事人双方或多方签订有合同或协议。没有合同或协议的，仲裁机构缺少具体裁决的标准，不宜受理。

（2）处理纠纷依据的法律、法规和政策，应是农村土地承包主管部门为执法主体的法律、法规和政策。农村土地承包纠纷仲裁机构不是人民法院，不能作为任何法律、法规和政策的执法主体。处理纠纷过程中，可以参照相关法律、法规和政策的规定裁决，但主要依据应为农村土地承包主管部门为执法主体的法律、法规和政策。不是农村土地承包主管部门为执法主体的法律、法规和政策调整范围的纠纷事项，仲裁机构不宜受理。

（3）纠纷涉及事项的管理应为农村土地承包主管部门的职能。非农村土地承包主管部门职责的，仲裁机构不应越权受理。

◆ 书写农村土地承包纠纷仲裁申请书应注意哪些问题？

（1）体例格式要符合规范。农村土地承包纠纷仲裁申请书也有一定的体例格式，一般由标题、当事人基本情况、仲裁请求事项、纠纷事实与理由、结尾、附项等部分组成。不能随意增减其中的项目，不能随意变动先后次序，确保每个部分都能符合规范。

（2）仲裁请求要明确具体。当有多个请求事项，必须一项一项写清楚，绝不能用笼统的如"保护我合法权益"之类的话替代。仲裁请求越明确，越具体，申请人与被申请人对该纠纷中权益争执的焦点就会暴露得越明显，越突出。这就有利于农村土地承包纠纷仲裁委员会迅速确定审理范围，及时开展审理工作，做出合理的裁决。

（3）纠纷事实要真实可靠。申请人在写仲裁申请书时，一定要如实地反映客观情况，确保绝对真实、可靠，不能只讲对自己有利的事实，对自己不利的避而不谈。应实事求是，全面反映事情的来龙去脉与本来面目，有利于农村土地承包纠纷仲裁委员会依法进行审理裁决，也有利于问题的顺利解决。

（4）申请理由要符合法律政策。在书写仲裁申请书时，一定要让申请理由符合党的方针政策，符合法律的规定。作为申请理由的依据而引用有关法律条文和方针政策时，务必恰当确切，不能断章取义，牵强附会，曲解原意。

（5）文字表达要简明扼要。重点写与当事人争执有关的事实理由。具体在写法上，说明事实，列举证据，陈述理由，要做到层次分明，条理清晰。

◆ 如何确定参加仲裁的人员？

农村土地承包经营纠纷仲裁的申请人、被申请人为仲裁当事人。家庭承包的，可以由农户代表人参加仲裁。

农户代表人由农户成员共同推选，不能共同推选的，按下列方式确定：土地承包经营权证或者林权证等证书上记载的人；未取得土地承包经营权证或者林权证等证书的，为在承包合同上签字的人。

当事人一方为5户（人）以上的，可以推选3～5名代表人参加仲裁。与案件处理结果有利害关系的，可以申请作为第三人参加仲裁，或者由仲裁委员会通知其参加仲裁。当事人、第三人可以委托代理人参加仲裁。当事人或者第三人为无民事行为能力人或者限制民事行为能力人的，由其法定代理人参加仲裁。

◆ 农村土地承包经营纠纷仲裁的时效期是多长？

当事人申请农村土地承包经营纠纷仲裁的时效期限为2年，自当事人知道或者应当知道其权利被侵害之日起计算。

仲裁时效因申请调解、申请仲裁、当事人一方提出要求或者同意履行义务而中断。从中断时起，仲裁时效重新计算。

在仲裁时效期间的最后 6 个月内，因不可抗力或者其他事由，当事人不能申请仲裁的，仲裁时效中止。从中止时效的原因消除之日起，仲裁时效期间继续计算。

侵害农村土地承包经营权行为持续发生的，仲裁时效从侵权行为终了时计算。

◆ 申请农村土地承包经营纠纷仲裁，应当符合哪些条件？

申请农村土地承包经营纠纷仲裁应符合这些条件：①申请人与纠纷有直接的利害关系；②有明确的被申请人；③有具体的仲裁请求和事实、理由；④属于仲裁委员会的受理范围。

◆ 当事人应如何申请仲裁？

当事人申请仲裁，应当向纠纷涉及土地所在地的仲裁委员会递交仲裁申请书。申请书可以邮寄或者委托他人代交。书面申请有困难的，可以口头申请，由仲裁委员会记入笔录，经申请人核实后由其签名、盖章或者按指印。

◆ 农村土地承包经营纠纷仲裁中应注意的问题有什么？

农村土地承包经营纠纷仲裁被申请人应当自收到仲裁申请书副本之日起 10 日内向仲裁委员会提交答辩书。仲裁委员会应当自收到答辩书之日起 5 个工作日内将答辩书副本送达申请人。被申请人未答辩的，不影响仲裁程序的进行。

书面答辩确有困难的，可以口头答辩，由仲裁委员会记入笔录，经被申请人核实后由其签名、盖章或者按指印。当事人提交仲裁申请书、答辩书、有关证据材料及其他书面文件，应当一式三份。

因一方当事人的行为或者其他原因可能使裁决不能执行或者难以执行，另一方当事人申请财产保全的，仲裁委员会应当将当事人的申请提交被申请人住所地或者财产所在地的基层人民法院，并告知申请人因申请错误造成被申请人财产损失的，应当承担相应的赔偿责任。

◈ 答辩书应当载明哪些内容？

答辩书必须载明如下内容：

（1）答辩人姓名、年龄、住所、邮政编码、电话或者其他通讯方式。

（2）法人或者其他组织应当写明名称、地址和法定代表人或者主要负责人的姓名、职务、通讯方式。

（3）对申请人仲裁申请的答辩及所依据的事实和理由。

（4）证据和证据来源，证人姓名和联系方式。

◈ 农村土地承包经营纠纷中对仲裁庭成员有哪些要求？

仲裁庭由 3 名仲裁员组成。事实清楚、权利义务关系明确、争议不大的农村土地承包经营纠纷，经双方当事人同意，可以由 1 名仲裁员仲裁。

双方当事人自收到受理通知书之日起 5 个工作日内，从仲裁员名册中选定仲裁员。首席仲裁员由双方当事人共同选定，其他 2 名仲裁员由双方当事人各自选定；当事人不能选定的，由仲裁委员会主任指定。独任仲裁员由双方当事人共同选定；当事人不能选定的，由仲裁委员会主任指定。仲裁委员会应当自仲裁庭组成之日起 2 个工作日内将仲裁庭组成情况通知当事人。

当事人认为仲裁员有回避情形的，有权以口头或者书面方式向仲裁委员会申请其回避。当事人提出回避申请，应当在首次开庭前提出，并说明理由；在首次开庭后知道回避事由的，可以在最后一次开庭终结前提出。仲裁员是否回避，由仲裁委员会主任决定；仲裁委员会主任担任仲裁员时，由仲裁委员会集体决定主任的回避。

◈ 哪些情形下仲裁员应当回避？

下列情形下仲裁员应当回避：

（1）本案当事人或者当事人、代理人的近亲属。

（2）与本案有利害关系。

（3）与本案当事人、代理人有其他关系，可能影响公正仲裁。

（4）私自会见当事人、代理人，或者接受当事人、代理人请客送礼。

◆ 哪些情形下仲裁员应当重新选择?

仲裁员有下列情形之一的,重新选定或者指定仲裁员:①被决定回避的;②在法律上或者事实上不能履行职责的;③因被除名或者解聘丧失仲裁员资格的;④因个人原因退出或者不能从事仲裁工作的;⑤因徇私舞弊、失职渎职被仲裁委员会决定更换的。

重新选定或者指定仲裁员后,仲裁程序继续进行。当事人请求仲裁程序重新进行的,由仲裁庭决定。

◆ 仲裁庭如何进行调解?

仲裁庭应当向当事人提供必要的法律政策解释,帮助当事人自行和解。达成和解协议的,当事人可以请求仲裁庭根据和解协议制作裁决书;当事人要求撤回仲裁申请的,仲裁庭应当终止仲裁程序。

仲裁庭应当在双方当事人自愿的基础上进行调解。调解达成协议的,仲裁庭应当制作调解书。调解书应当载明双方当事人基本情况、纠纷事由、仲裁请求和协议结果,由仲裁员签名,并加盖仲裁委员会印章,送达双方当事人。调解书经双方当事人签收即发生法律效力。

调解不成或者当事人在调解书签收前反悔的,仲裁庭应当及时做出裁决。当事人在调解过程中的陈述、意见、观点或者建议,仲裁庭不得作为裁决的证据或依据。

◆ 哪些情况下仲裁庭终止仲裁、不予受理?

(1)仲裁庭做出裁决前,申请人放弃仲裁请求并撤回仲裁申请,且被申请人没有就申请人的仲裁请求提出反请求的,仲裁庭应当终止仲裁程序。

(2)申请人经书面通知,无正当理由不到庭或者未经仲裁庭许可中途退庭的,可以视为撤回仲裁申请。

◆ 如何处理反请求?

被申请人就申请人的仲裁请求提出反请求的,应当说明反请求事项及其所依据的事实和理由,并附具有关证明材料。

　　被申请人在仲裁庭组成前提出反请求的，由仲裁委员会决定是否受理；在仲裁庭组成后提出反请求的，由仲裁庭决定是否受理。仲裁委员会或者仲裁庭决定受理反请求的，应当自收到反请求之日起 5 个工作日内将反请求申请书副本送达申请人。申请人应当在收到反请求申请书副本后 10 个工作日内提交反请求答辩书，不答辩的不影响仲裁程序的进行。

　　仲裁庭应当将被申请人的反请求与申请人的请求合并审理。仲裁委员会或者仲裁庭决定不予受理反请求的，应当书面通知被申请人，并说明理由。仲裁庭组成前申请人变更仲裁请求或者被申请人变更反请求的，由仲裁委员会做出是否准许的决定；仲裁庭组成后变更请求或者反请求的，由仲裁庭做出是否准许的决定。

三、新农村土地经营模式

◆ **我国土地经营模式是如何划分的？**

（1）从生产关系的角度划分，中国农村土地经营可分为租佃、雇佣与自耕三种形式。租佃关系与雇佣关系是发生在不同农户之间的契约关系，而自耕较多地反映了农户家庭成员之间的经济关系。

（2）从资源利用方式的角度划分，土地经营方式可以分为粗放型土地经营和集约型土地经营。①粗放型土地经营是单纯依靠扩大耕地面积或增加其他生产资料的投入来增加土地产量；②集约型土地经营则是在不增加生产资料投入数量的前提下，依靠提高生产资料的使用效率来增加产出。

（3）从土地经营规模角度划分，我国土地经营可以分为规模化土地经营和非规模化土地经营。

◆ **什么是土地集约化经营？**

土地集约化经营是指农业上在同一面积土地上投入较多的生产资料和劳动进行精耕细作，用提高单位面积产量的方法来增加产品总量的经营方式。

集约化经营是以效益（社会效益和经济效益）为根本对土地经营诸要素进行重组，加强土地合理、科学的规划，提高土地利用质量，减少土地利用浪费，实现用最小的成本获得最大的投资回报。

◈ **土地集约化经营的特征有哪些？**

（1）质量经营的特征。把农产品的质量经营放在重要位置上，不断提高农产品的质量及附加值。

（2）集团规模经营的特征。土地集约化经营要求生产要素的相对集中，土地经营集团化、规模化。

（3）效益、效率经营的特征。土地集约化经营以提高土地利用效益为最终目标，坚持"低投入、高产出"。

（4）高科技、电子化经营的特征。不断提高科技含量，积极推进土地经营的机械化、信息化、科技化。

（5）人才经营的特征。大力培养现代化的土地经营人才，科学用地，科学经营。

◈ **土地集约化经营的形式有哪些？**

农村土地集约化经营是通过土地集约化经营、规模化种植、机械化耕作、科学管理和现代农业科技的运用来实现的。其具体采用的模式有"公司＋农户"、集体租赁和个人租赁的方式。

（1）"公司＋农户"，是将"大公司"与"小农户"联结起来，由"大公司"指导农民进行科学合理的土地经营，促使农民学习生产技术、有效规避市场风险和实现规模经营增收。

（2）集体租赁是指集体组织租赁土地进行规模经营，从而实现土地的规模效益，促进土地大机械化作业。

（3）个体租赁是指农民以个人名义进行土地租赁，实现土地规模化、集约化经营。

◈ **土地集约化经营应注意什么？**

（1）要实现土地集约化经营必须提高各类农用地资源利用率，发展精细农业。

（2）综合利用生物资源，发展循环农业或链式农业、生态农业。

（3）有效利用时间资源以及现代生物技术、栽培方法，发展冬季农业。

（4）充分利用光、热、水等资源，发展立体农业。

（5）重视资源的加工、转换和增值，发展加工农业。

（6）合理开发山水田园风光，发展观光农业和森林、草原、江河等乡村旅游业。

（7）综合开发利用资源，达到高产、优质、高效，实现土地经营的高效化。

◆ 土地广度开发指的是什么？

土地的广度开发是指外延开发，包括对尚未利用的宜农荒地、荒山荒坡、草原草地、内陆水域、浅海水域、滩涂、荒漠、废弃地等国土资源的开发。主要采取工程、机械、生物和科技配套措施，对山、水、林、田、路等国土资源进行综合开发治理。

◆ 土地深度开发指什么？

土地的深度开发是指内涵开发，包括对改造不够的中低产田，开发利用不够的宜农荒地、荒山荒坡、草原草地、内陆水域、浅海水域、滩涂、荒漠、废弃地等国土资源的开发。主要是进一步采取工程、机械、生物和科技配套措施，对制约农、林、牧、副、渔各业生产发展的诸多不利因素进行综合治理开发。

◆ 土地经营的低碳化指的是什么？

土地经营低碳化就是降低土地经营生产成本，保护生态环境，增强土壤的固碳能力，减少温室气体排放，就是积极节地、节水、节肥、节种、节电、节油、节柴（节煤）、节粮。

可以说，土地经营低碳化是一种比广义的生态型土地经营概念更广泛的概念，不仅要像生态型土地经营那样提倡少用化肥农药、进行高效的农业生产，而且在土地经营能源消耗越来越多，种植、运输、加工等过程中，电力、石油和煤气等能源的使用都在增加的情况下，还要更注重整体土地经营能耗和排放的降低。

◆ **设施农业指的是什么？**

设施农业是综合应用工程装备技术、生物技术和环境技术，整合土地、资金、技术、人力等要素，有效提高土地产出率、资源利用率和劳动生产率的集约型农业。

设施农业能够主动规避自然灾害，吸纳农村富余劳动力，拓展农业发展空间，优化产品上市时间，确保农产品稳定、安全、有效供给，具有高投入、高产出、高回报的特点。发展设施农业是加快农业转型升级的必然选择，也是促进农民增收的重要途径。

◆ **实施设施农业型土地经营的基本原则是什么？**

（1）优化布局，集聚发展。要依托优势特色产业，发挥各地产业基础、区位、经济等优势，着力优化区域布局，发挥都市农业园区、畜牧小区等示范带动作用，推进设施农业规模化发展，形成一批设施农业综合体。

（2）因地制宜，高效发展。立足本地土地、自然、社会资源和传统的种养习惯，培育特色，挖掘潜能，优化服务，提升产业档次，形成一批经济、社会、生态效益并举的设施农业产业基地。

（3）设施配套，优化发展。在推进设施农业量的扩张的同时，注重质的提升。改造现有农业设施，加强农机装备设施和农艺的配套，提升资源与空间等综合利用水平，形成有特色的高质量设施农业。

（4）市场导向，协调发展。坚持市场引导与政府扶持相结合，根据市场需求，以企业、合作社和农民为主体组织生产，政府通过财政资金杠杆和优惠政策扶持，科学引导，形成政府有能力推动、农民有能力发展的市场化运行格局。

（5）改革创新，持续发展。不断创新技术、管理和机制，及时破解发展中出现的各类问题，加快推广应用，促进技术、模式、机制的提升，形成推动设施农业发展的长效机制。

◈ 什么是循环农业？

循环农业，是指在农作系统中推进各种农业资源往复多层与高效流动的活动，以此实现节能减排与增收的目的，促进现代农业和农村的可持续发展。通俗地讲，循环农业就是运用物质循环再生原理和物质多层次利用技术，实现较少废弃物的产生和提高资源利用效率的农业生产方式。

循环农业作为一种环境友好型农作方式，具有较好的社会效益、经济效益和生态效益。只有不断输入技术、信息、资金，使之成为充满活力的系统工程，才能更好地推进农村资源循环利用和现代农业持续发展。

◈ 循环农业有哪些特点？

（1）减量化，即尽量减少进入生产和消费过程的物质量，节约资源使用，减少污染物的排放。

（2）再利用，即提高产品和服务的利用效率，减少一次用品污染。

（3）再循环，它是指物品完成使用功能后能够重新变成再生资源。

◈ 现代循环农业必须遵循的原则是什么？

现代循环农业必须遵循"可控化"原则。通过合理设计，优化布局接口，形成循环链，使上一级废弃物成为下一级生产环节的原料，周而复始，有序循环，实现"低开采、高利用、低排放、再循环"，最大限度地利用进入生产和消费系统的物质和能量，有效防控有害物质或不利因素进入循环链，提高经济运行的质量和效益，达到经济发展与资源节约、环境保护相协调，并符合可持续发展战略的目标。

◆ 发展循环农业的重点环节有哪些？

（1）突出"绿色"，调整结构。优化调整农业结构，突出发展绿色食品、无公害食品和有机食品的生产，要注意保护水土，节约资源。

（2）保护耕地，提升质量。坚持推广秸秆返田与保护性耕作技术，实现种地与养地有机结合，加强耕地质量工程建设。大力推广生物防治，相关企业要研究、生产低残留农药和可降解塑料薄膜。要推广喷灌、滴灌，杜绝漫灌，发展节水农业。

（3）项目带动，企业参与。农村发展农产品加工或其他工业，要做到"防污于未然"，做到低排污与达标排放。

（4）发展沼气，有效转化。近年来，各地以户用沼气工程为重点，结合农村改圈、改厕、改厨，大力推广以"猪—沼—菜（粮—果—渔）"等为主要内容的生态模式，实现村庄、庭院废弃物再生利用的良性循环。

（5）优化布局，整体规划。在充分调研的基础上，有选择、有重点地分别制定省、设区市、县（市、区）、乡、村等不同层次、不同级别的循环农业发展计划，实现有计划、有步骤、有组织地稳步推进。

（6）正确引导，有序推动。循环农业事关经济可持续发展，需要政策引导。同时，循环农业发展又涉及种植、养殖、加工、能源和环保等多个部门，要建立多部门联动机制，强化多元扶持，加大政府投资力度，保证其持续发展。

◆ 实现土地适度规模经营是指什么？

土地适度规模经营是指农业生产单位在适当的土地面积上的经营，亦即在土地面积上能保证最佳经济效益要求的经营，重点是土地的面积规模。土地适度规模经营所要求的土地面积并非是固定的，它因地、因时而变化。

土地适度规模经营是我国沿海发达地区随着农业劳动力转移而出现的一种新现象，与土地的家庭承包经营并不矛盾。实行规模经营是实现农业土地集约化发展、提升土地产出效益的必然选择。要实现土地适度规模经营，必须加快农村土地承包经营权的流转，推进农业产业化发展，建立农民非农就业和社会保障体系，完善农业社会服务体系。

◆ 实现农村土地规模化经营主要有哪几种方式？

(1) 租赁方式。即农民在自愿的前提下，可将土地使用权租赁给经营者，由经营者集中起来经营。

(2) 入股方式。即将股份制引入到农业生产中，把土地使用权作为股份联合经营。入股者可参与经营，也可只享受分红。

(3) 在经济发达的地区，可通过国家征用的方式，改变土地的使用权属性，然后，采用市场化运作的土地批租方式，成立民营的农业生产经营公司去经营批租所得的土地。

◆ 成立民营的农业生产经营公司有哪些操作过程？

（1）以土地换就业。在征用土地上成立的农业或工业企业中，被征地农民拥有就业权利，使农民未来的生活有稳定的保证。

租种更多土地　成为种粮大户

（2）以土地换保障。被征用土地并失去劳动能力的老年人，依据所征土地享有应得的养老保险。政府征地过程中的征地款，可用缴纳社会保险金的形式，为失地农民一次性缴足养老保险。

（3）以土地换股权。被征用土地的农民可按征地的数量计入新建企业的股份，使农民拥有稳定的股金收入。

◈ 什么是土地租赁经营？

土地租赁经营是土地所有权与经营权彻底分离的一种形式。土地经营者通过向土地所有者租赁土地而获得土地经营权，土地经营者在向土地所有者交付既定租金的前提下，自主经营，自负盈亏。

◈ 什么是土地股份式合作经营？

土地股份式合作经营是集合了股份制与合作制的优点而形成的一种新制度。

◈ 我国土地经营有哪些形式的承包、转包？

（1）投标承包。即把竞争机制引进承包，先由集体定出底标，再公开投标，由中标者承包经营。投标承包也通过承包合同形式，具体分为2种类型：一是现金投标承包，二是实物投标承包，均按合同规定年终完成上交集体租金和任务。

（2）抵押承包。即确定承包期若干年，逐年交纳抵押金。如完成规定项目和任务，年终由集体将押金退还承包者，或作为下年抵押金。

（3）双向承包。指在家庭承包经营的基础上，实行双向承包责任制，围绕农业生产各个环节，在县、乡、村、户之间，层层明确目标责任，签订合同，自上而下承包农业生产资料供应和技术资金服务，自上而下承包农业产量、订购任务和其它经济指标的完成，并制定奖惩制度，按时兑现。

（4）有偿转包。指实行家庭承包后，在承包地块过于零碎不便工作管理、或一些从事第二第三产业的农户不肯离开土地致使粗放经营时，可推行土地有偿转包，转让土地经营权给种田能手。按转包合同制定不同土地质量的转让费标准，规定双方的权、责、利，实行投标接包。

◈ 什么是土地股份制经营？

土地股份制经营是指以土地入股方式组成由入股者（股东）参加的土地股份有限公司，在不改变土地公有制的前提下，把承包户的土地使用权作为股份，由公司委任种田能手并善于经营者作公司经理，负责土地经营事宜。也即土地所有者将土地作为一定份额的股份投放到需要土地的股份制经济实体中去，以分取股份红利作为其土地所有权在经济上的实现形式。

◆ **土地股份制经营的主要特点是什么?**

在股份制经济中，土地的所有权和经营权有可能彻底分离，土地所有者只以股份制经济实体中的一名股东而存在；也有可能只是部分分离，则土地所有者既是股份制经济实体中的一员股东，又参与其经营。

这种土地经营形式还可以广泛吸收离土农民和无力或不愿经营土地的农户入股，使他们稳定地享受土地入股分红，而由善于经营土地者使用土地，从而优化土地利用，提高效率。在这种土地经营模式下，土地的经营权和所有权既实现了按劳分配，又实现了按股分配，多收共享，风险共当，实现了土地集中，大大提高了土地规模效益。这种经营模式合理利用农业资源，促进农村产业结构的调整，使农业经营企业化。

总之，土地股份制经营就是以股份形式参与土地产权关系和土地经营，是土地制度深入改革的一种趋势。

◆ **土地股份式合作经营有哪些形式?**

（1）将村集体土地与村集体经营性资产一起折股量化，明确每个社员的股份，经营收益按股分红。它的主要特点是：在村集体经营性资产折股量化的基础上，将农户承包的土地也折股量化，设置土地承包经营权股，一般是承包经营权为1股。有的按当地确定的不同类型土地的标准参考价格作为依据，有的是经评估确定土地价值，然后折价作股。土地承包经营权股按农业人口无偿配给，土地股份不能抵押、买卖，经董事会同意可以在本社区范围转让。股东按其所占有的土地承包经营权股和资产股的总股数，参与收益分配。实行1人1票制。

（2）将农户土地承包经营权股权化。它的主要特点是将原社区集体经济组织发包给农户的承包地经营权作股，组建新的股份合作组织，对入股土地实行统一规划、开发和经营。股份合作组织直接经营或者代表股东与企业签合同或进行租赁等形式经营。

（3）农户以土地承包经营权参股。它的主要特点是农户以承包地折价参股。经全体村民代表讨论，成立股东大会、董事会、监事会，农民"入股自愿，退股自由"。村民既可承包企业的农业项目，又可为公司打工，股民可优先在企业就业。

◈ 什么是农村土地流转合作社？

农村土地流转合作社是指在家庭承包经营的基础上，由享有农村土地承包经营权（或林地经营权）的农户和从事农业生产经营的组织，为解决家庭承包经营土地零星分散、效益不高、市场信息不灵等问题，自愿联合、民主管理，把家庭承包土地（或林地）的经营权采取入股、委托代耕和其它流转方式进行集中统一规划、统一经营的农村互助性合作经济组织。

它以股份制和合作制为基本形式，实行"三权分离"，即村集体拥有土地所有权，农民拥有土地承包权，土地流转合作社拥有土地经营权。实行社员代表大会、理事会、监事会的管理制度，农户按入社土地面积从合作社获取分红收益。

◈ 什么是土地股份合作社？

土地股份合作社是一个群众性自治组织，村集体不一定是合作社的股东，但在土地股份合作制实施试点阶段，村集体经济起到重要作用。它是由合作社成员以承包地的经营权作为主要出资方式，以进一步提高土地的集约化程度、有效促进农民土地承包经营权收益增加为目标的一种新型经济组织。

◈ 农村土地股份合作社坚持的基本原则是什么？

（1）自愿原则。在坚持农民自愿的前提下，按照"明确所有权，稳定承包权，搞活使用权"的原则，实行以农民土地承包经营权入股为主要形式的土地股份合作制。坚持入股自愿，不搞行政强制。

（2）维权原则。在实施农村土地股份合作制的过程中，充分考虑到农民的利益，在让农民从土地中解放出来的同时，确保其土地承包经营权利益不受损害。

（3）民主原则。在组建土地股份合作社过程中，广泛征求群众意见，坚持"公开、公平、公正"的阳光操作，合作社内部实行民主决策、民主管理、民主监督。

◆ 农村土地股份合作社的建立程序是什么?

（1）成立试点工作领导小组，同时成立由农经、土管、农副业、财政、司法等部门组成的工作班子，形成一套完备的组织人马，确保集中精力，精心组织，细心操作，保障组建工作顺利地开展。

（2）做前期准备工作：①宣传发动，组织试点领导工作小组、工作班子及有关部门人员，到村、到户进行宣传活动，并认真做好调查摸底工作，情况清楚，确定试点方案；②制定计划，在试点工作领导小组的直接指导下，制定试点工作计划，并开好相关会议；③建立制度，建立相关的管理制度、合作社章程（草案）、文书表格。

（3）进入实施阶段，即按照研究批准的方案分步实施。

◆ 农村土地股份合作社建立时实施内容有哪些?

（1）确立社员。根据农民意愿，明确合作社社员。合作社社员是由土地经营权、集体投入积累的全体成员。

（2）发放股权证，明确持证人的入股数额和权限。

（3）选举股东代表。股东代表人数以每10股选举产生1名代表，集体股享有配备股东代表权。

（4）召开股东代表大会，讨论通过合作社章程，同时选举产生理事会、监事会成员并研究制定有关制度。

（5）召开理事会、监事会成员会议，选举产生理事会主任和监事会主任，并由理事会主任聘用合作社经理。

（6）对组建工作进行全面总结验收，最终形成组织齐全、制度完备、全心全意为社员服务的农村土地股份合作社。

◆ 农村土地股份合作社是怎样运作经营的?

（1）农村土地股份合作社受镇、村及上级有关部门管理、指导和监督。合作社采取自愿入股的原则，实行独立核算，民主管理，保值增值，利益共享。

（2）合作社依照相关法律、法规制订内部章程，明确股东享有的权利和义务，明确合作社股东代表大会、理事会、监事会产生的办法，实行民主决策，科学管理。股东代表大会为合作社最高权力机构，理事会为合作社领导决策机构，监事会为合作社监督机构。

（3）合作社设农户土地股、集体投入股两种类型，以一定年限为股期。在明确现有农户分户经营的承包面积不变的基础上，将现有的集体农场土地面积，按现有人口分配并确权到户，以土地承包经营权入股的方式，每亩为1股，不足1亩的同比例折算。农民土地股、集体投入股，实行同股同利。

（4）股权确认后，股期内不再变动，待期满后重新确权；股期内集体股不得退股；股期内股份可以继承、转让、馈赠。

（5）获得股权者，由农村土地股份合作社发给股权证书。

（6）股本金到位后，一般由专户储存，接受村集体经济会计组织管理与监督。条件许可时，可由合作社进行资本运作，确保保值增值。

（7）合作社每年依照章程进行股权红利分配。合作社红利资金主要来源于土地发包、租赁或直接经营获得的收益。经股东代表大会同意后，按股分红，以组核算、确定股利。

◆ **农业一体化经营有哪些模式**？

（1）种养加一体化。把种植业、养殖业、加工业按照一体化生产经营的要求，组成比较完整的产业链，通过对农产品转化、加工增值等途径，实现多次增值，开拓适销对路的产品，不断提高农业内部种养业的经济效益。

（2）贸工农一体化。以从事贸易的公司为龙头，以合同等经济手段为纽带，组织分散经营的农民结成利益共同体，开展大规模、科技含量较高的商品化生产，通过加工转化增值，开拓市场，带动农民增收、农村发展。

（3）经科教一体化。即建立科技服务龙头组织，开发名优特新产品，努力提高农产品的科技含量，把科技优势转化为经济优势，带动区域性专业化生产，促进土地经营增产增效。

◆ **土地经营一体化组织的具体形式有哪些**？

（1）"龙头加工企业＋农户"。即龙头企业通过合同契约、股份合作等方式与农户结成产加销一体化的经济实体。

（2）"合作经济组织＋农户"。即通过农户自发组织，采取入股的形式，建立股份合作制经济实体，形成种养加、产供销、贸工农一体化的新的生产格局。

（3）"专业协会＋农户"。专业协会通过为农户提供科技信息、生产资料、管理技术以及运输销售的全方位服务，引导农民进入市场。

（4）"基地＋农户"。即从建立和培育农业生产基地入手，通过区域化布局、政策扶持等途径，把一定区域范围内的农户组织起来，形成规模经营。

◆ **农村土地综合开发项目的主要内容是什么**？

农村土地综合开发项目是以改造中低产田、改善农业基本生产条件为重点，不断提高农村土地综合生产能力。并且，不断依靠科技进步，优化品种结构，提高农产品质量，大力发展高产、优质、高效农业，提升新农村土地经营水平，切实增加农民收入，实现农村土地经营现代化，推动农村经济、社会快速稳定发展。

◈ 如何理解土地经营区域化？

农村土地经营区域化就是不同区域之间农业的差异化和特色化。其内涵就是根据自然环境条件、市场需求情况、地域布局和行政区划等，划分不同的区域，因地制宜、各有侧重地发展不同的种植业、养殖业、加工业，形成规模优势、特色优势。

◈ 农村土地经营产业化主要有哪几种类型？

（1）龙头企业牵动型。即以龙头企业为主，围绕一项产业或产品，实行生产、加工、销售一体化经营，形成龙头连基地、基地连农户的专业化、商品化、规模化生产经营格局，形成利益共享、风险共担的经济共同体。

（2）主导产业带动型。即利用当地资源，从发展特色产业和产品入手，建立一地一品的大型农产品生产基地，实现土地经营产业化。

（3）商品基地推动型。即把开发资源和建设商品基地结合起来，开发一片山水，建成一个商品基地，推进农业集约化经营和规模化经营，使资源产出率、劳动生产率和经济效益得到最大化。

（4）专业市场推动型。通过发展农产品市场，特别是发展专业批发市场，带动土地专业化生产和产加销一体化经营。

（5）中介组织联动型。通过发展服务经济实体和市场中介组织，帮助土地经营者解决生产经营中的困难，提供产前、产中以及产后全方位的社会化服务，实现生产要素大跨度优化组合。

（6）农民合作组织型。通过建立农民合作组织推动农村土地经营的产业化。

◈ 什么是农民专业合作社？

农民专业合作社是在农村家庭承包经营基础上，同类农产品的生产经营者或者同类农业生产经营服务的提供者、利用者，自愿联合、民主管理的互助性经济组织。

农民专业合作社以其成员为主要服务对象，提供农业生产资料的购买、农产品的销售、加工、运输、贮藏以及与农业生产经营有关的技术、信息等服务。

◆ 农民专业合作社的成员主体有哪些规定？

农民专业合作社成员要以农民为主体，农民至少应当占成员总数的80%。成员总数20人以下的，可以有1个企业、事业单位或者社会团体成员；成员总数超过20人的，企业、事业单位和社会团体成员不得超过成员总数的5%。

◆ 农业专业合作社的宗旨是什么？

农民专业合作社以服务成员为宗旨，谋求全体成员的共同利益。农民专业合作社成员地位平等，实行民主管理。其盈余主要按照成员与农民专业合作社的交易量（额）比例返还。

◆ 农业专业合作社成员在入社、退社时有何要求？

农民专业合作社要坚持入社自愿、退社自由。农民专业合作社成员要求退社的，应当在财务年度终了的3个月前向理事长或者理事会提出；其中，企业、事业单位或者社会团体成员退社，应当在财务年度终了的6个月前提出；章程另有规定的，从其规定。退社成员的成员资格自财务年度终了时终止。

◆ 我国法律对农民专业合作社成员大会有何规定？

农民专业合作社成员大会每年至少召开1次，会议的召集由章程规定。若有30%以上的成员、执行监事或者监事会提议或章程规定的其他情形，则应当在20日内召开临时成员大会。农民专业合作社召开成员大会，出席人数应当达到成员总数2/3以上。

◆ 农民专业合作社可行使哪些职权？

（1）修改章程。

（2）选举和罢免理事长、理事、执行监事或者监事会成员。

（3）决定重大财产处置、对外投资、对外担保和生产经营活动中的其他重大事项。

（4）批准年度业务报告、盈余分配方案、亏损处理方案。

（5）对合并、分立、解散、清算作出决议。

（6）决定聘用经营管理人员和专业技术人员的数量、资格和任期。

（7）听取理事长或者理事会关于成员变动情况的报告。

（8）章程规定的其他职权。

◆ 我国法律对农民专业合作社成员的表决权有何规定？

农民专业合作社成员大会选举和表决，实行 1 人 1 票制，成员各享有 1 票的基本表决权。出资额或者与本社交易量（额）较大的成员按照章程规定，可以享有附加表决权。本社的附加表决权总票数，不得超过本社成员基本表决权总票数的 20%。享有附加表决权的成员及其享有的附加表决权数，应当在每次成员大会召开时告知出席会议的成员。

成员大会选举或者做出决议，应当由本社成员表决权总数过半数通过；做出修改章程或者合并、分立、解散的决议应当由本社成员表决权总数的 2/3 以上通过。章程对表决权数有较高规定的，从其规定。

农民专业合作社成员超过 150 人的，可以按照章程规定设立成员代表大会。成员代表大会按照章程规定可以行使成员大会的部分或者全部职权。

◆ 农民专业合作社对理事长、理事及其他负责人员有何要求？

农民专业合作社设理事长 1 名，可以设理事会。理事长为农民专业合作社的法定代表人。农民专业合作社可以设执行监事或者监事会。理事长、理事、执行监事或者监事会成员，由成员大会从本社成员中选举产生，依照《中华人民共和国农民专业合作社法》和章程的规定行使职权，对成员大会负责。

理事长、理事、经理和财务会计人员不得兼任监事。理事会会议、监事会会议的表决，实行 1 人 1 票制。农民专业合作社的成员大会、理事会、监事会，应当将所议事项的决定做成会议记录，出席会议的成员、理事、监事应当在会议记录上签名。

农民专业合作社的理事长或者理事会可以按照成员大会的决定聘任经理和财务会计人员，理事长或者理事可以兼任经理。经理按照章程规定或者理事会的决定，可以聘任其他人员。经理按照章程规定和理事长或者理事会授权，负责具体生产经营活动。

◆ 农民专业合作社的理事长、理事和管理人员不得有哪些行为？

农民专业合作社的理事长、理事和管理人员不得有如下行为：

（1）侵占、挪用或者私分本社资产。

（2）违反章程规定或者未经成员大会同意，将本社资金借贷给他人或者以本社资产为他人提供担保。

（3）将他人与本社交易的佣金归为己有。

（4）从事损害本社经济利益的其他活动。

（5）不得兼任业务性质相同的其他农民专业合作社的理事长、理事、监事、经理。

（6）执行与农民专业合作社业务有关公务的人员，不得担任农民专业合作社的理事长、理事、监事、经理或者财务会计人员。

理事长、理事和管理人员违反前4款规定所得的收入，应当归本社所有；给本社造成损失的，应当承担赔偿责任。

◆ 农民专业合作社成员有哪些权利？

（1）参加成员大会，并享有表决权、选举权和被选举权，按照章程规定对本社实行民主管理。

（2）利用本社提供的服务和生产经营设施。农民专业合作社以服务成员为宗旨，谋求全体成员的共同利益。作为农民专业合作社的成员，有权利用本社提供的服务和本社置备的生产经营设施。

（3）按照章程规定或者成员大会决议分享盈余。农民专业合作社获得的盈余依赖于成员产品的集合和成员对合作社的利用，本质上属于全体成员。可以说，成员的参与热情和参与效果直接决定了合作社的效益情况。因此，法律保护成员参与盈余分配的权利，成员有权按照章程规定或成员大会决议分享盈余。

（4）查阅本社的章程、成员名册、成员大会或者成员代表大会记录、理事会会议决议、监事会会议决议、财务会计报告和会计账簿。

（5）章程规定的其他权利。上述规定是《农民专业合作社法》规定成员享有的权利，除此之外，章程在同《农民专业合作社法》不抵触的情况下，还可以结合本社的实际情况规定成员享有的其他权利。

◈ 农民专业合作社成员有哪些义务？

（1）执行成员大会、成员代表大会和理事会的决议。成员大会和成员代表大会的决议，体现了全体成员的共同意志，成员应当严格遵守并执行。

（2）按照章程规定向本社出资。由于我国各地经济发展的不平衡，以及农民专业合作社的业务特点和现阶段出资成员与非出资成员并存的实际情况，一律要求农民加入专业合作社时必须出资或者必须出法定数额的资金，不符合目前发展的现实。因此，成员加入合作社时是否出资以及出资方式、出资额、出资期限，都需要由农民专业合作社通过章程自己决定。

（3）按照章程规定与本社进行交易。成员按照章程规定与本社进行交易既是成立合作社的目的，也是成员的一项义务。成员与合作社的交易，可能是交售农产品，也可能是购买生产资料，还可能是有偿利用合作社提供的技术、信息、运输等服务。成员与合作社的交易情况，按照《农民专业合作社法》第36条的规定，应当记载在该成员的账户中。

（4）按照章程规定承担亏损。由于市场风险和自然风险的存在，农民专业合作社的生产经营可能会出现波动，有的年度有盈余，有的年度可能会出现亏损。合作社有盈余时分享盈余是成员的法定权利，合作社亏损时承担亏损也是成员的法定义务。

（5）章程规定的其他义务。成员除应当履行上述法定义务外，还应当履行章程结合本社实际情况规定的其他义务。

◈ 国家对农民专业合作组织有哪些扶持政策？

（1）国家支持发展农业和农村经济的建设项目，可以委托和安排有条件的有关农民专业合作社实施。

（2）中央和地方财政应当分别安排资金，支持农民专业合作社开展信息、培训、农产品质量标准与认证、农业生产基础设施建设、市场营销和技术推广等服务。

（3）对少数民族地区、边远地区和贫困地区的农民专业合作社和生产国家与社会急需的重要农产品的农民专业合作社给予优先扶持。

（4）国家政策性金融机构应当采取多种形式，为农民专业合作社提供多渠道的资金支持。具体支持政策由国务院规定。国家鼓励商业性金融机构采取多种形式，为农民专业合作社提供金融服务。

（5）农民专业合作社享受国家规定的对农业生产、加工、流通、服务和其他涉农经济活动相应的税收优惠。支持农民专业合作社发展的其他税收优惠政策，由国务院规定。

◆ 农民专业合作社涉及到的法律责任都有什么？

（1）侵占、挪用、截留、私分或者以其他方式侵犯农民专业合作社及其成员的合法财产，非法干预农民专业合作社及其成员的生产经营活动，向农民专业合作社及其成员摊派，强迫农民专业合作社及其成员接受有偿服务，造成农民专业合作社经济损失的，依法追究法律责任。

（2）农民专业合作社向登记机关提供虚假登记材料或者采取其他欺诈手段取得登记的，由登记机关责令改正；情节严重的，撤销登记。

（3）农民专业合作社在依法向有关主管部门提供的财务报告等材料中，做虚假记载或者隐瞒重要事实的，依法追究法律责任。

四、土地经营技术

◆ **土地经营制度是什么？**

土地经营制度又称耕作制度、农作制度，它是农作物种植制度及有关技术措施的总称。是指以土壤耕作为中心，包括施肥、灌溉、除草、水土保持、轮作倒茬等各项农业技术措施在内的农作体系。耕作制度在一定的自然经济条件下形成，并随生产力发展和科技进步而发展变化。

耕作制度是根据作物的生态适应性与生产条件采用的种植方式，包括单种、复种、休闲、间种、套种、混种、轮作、连作等。与耕作制度相配套的技术措施包括农田基本建设、水利灌溉、土壤施肥与翻耕、病虫与杂草防治等。从广义来说，还包括农业熟制，作物布局。

复种指数与耕作制度有着密切的关系，改革耕作制度，在单位面积耕地上将原来一年只播种一季农作物的耕地，重复播种一季或两季，变一年一熟的耕作制度为一年两熟或三熟，从而增加复种指数。在我国，除东北、西北、华北北部因热量条件不足实行一熟制外，大部分地区实行复种制。复种北界已越过长城一线，双季稻种植已北移到北纬 34°，在云贵高原已上升到海拔 2420 米处；三熟制界线由北纬 25° 北移到北纬 32°。

◆ **培肥土壤的措施有哪些？**

（1）合理轮作。因为不同作物从土壤中吸收的以及遗留在土壤中的养分种类、数量不同，通过不同作物轮换种植，可在一定程度上调剂土壤养分的消耗，起到"养地"的作用。但严格地说，除绿肥作物将养分全部返回土壤外，所有作物包括以收获子粒为目的的豆类作物都是耗费土壤养分的。

（2）施肥养地。科学增施肥料是提高地力的主要途径，即深耕增施有机肥，合理施用化肥，有机肥与无机肥配合，氮、磷、钾配合，以无机促有机，达到作物持续增产和土壤快速培肥的双重目的。

（3）秸秆还田。推广作物秸秆机械粉碎还田、旋耕翻埋还田、覆盖栽培还田、堆沤腐解还田等多种秸秆还田方式，结合施用氮肥和磷肥，可增加土壤蓄水、保墒、保肥能力和水肥的利用率，有利于作物持续增产。此外，通过发展畜牧业，使秸秆过腹还田，也可培肥地力。秸秆还田效果与其技术有密切关系。

（4）种植豆科绿肥。一般豆科绿肥以鲜重计，含氮 0.5% ~ 0.6%，五氧化二磷 0.07% ~ 0.15%，氧化钾 0.2% ~ 0.5%，碳 / 氮低，容易分解，因此是偏氮的半速效性肥料。

◆ **怎样种植绿肥？**

绿肥可直接翻压施用，以产量最高、积累氮多、木质化程度低的时期为好，一般以初花期或初荚期为翻压时期。翻压期还要使供肥期与作物需肥期相适应，并翻入 13 ~ 17 厘米土层，以不露出土表为度。如能配合施用磷、钾肥，更可提高绿肥效果。此外，绿肥可先作饲料，再利用家畜粪尿，是最经济的利用形式。发展肥饲兼用、肥粮兼用的品种可进一步提高绿肥的经济效益。

◆ **基本耕作指的是什么？**

基本耕作，也就是初级耕作，是入土较深、作用较强烈、能显著改变耕层物理性状、后效较长的一类土壤耕作措施。

◆ **整地时基本耕作措施有哪些？**

基本耕作主要包括：

（1）翻耕。即以铧犁或圆盘犁耕翻土壤。

（2）深松耕。以无壁犁、深松铲、凿形铲对耕层进行全田的或间隔的深位松土。耕深可达 25 ~ 30 厘米，最深为 50 厘米，此法分层松耕，不乱土层。适合于干旱、半干旱地区和丘陵地区，以及耕层土壤为盐碱土、白浆土地区。

（3）旋耕。采用旋耕机进行。旋耕机上安装犁刀，旋转过程中起切割、打碎、掺和土壤的作用。一次旋耕既能松土，又能碎土，土块下多上少。旋耕机耕深 10 ~ 12 厘米，多年连续单纯旋耕，易导致耕层变浅与理化状况变劣，故旋耕应与翻耕轮换应用。

◆ **翻耕应注意哪些事项？**

耕翻方法因犁壁的形状不同主要有全翻垡、半翻垡、分层翻垡 3 种。北方一年一熟地区，一般在土壤含水量为 18% ~ 23% 的宜耕期进行伏耕和秋耕，无法及时秋耕的可进行春耕。就北方地区的气候条件及生产条件而论，伏耕优于秋耕，早秋耕优于晚秋耕，秋耕优于春耕。耕翻深度一般旱地以 20 ~ 25 厘米、水田 15 ~ 20 厘米较为适宜，在此范围内，黏壤土可适当加深，砂质土宜稍浅。内蒙古地区夏茬地和压青地由于翻耕时间早，晒土时间长，可进行 2 次耕翻，伏耕 13 ~ 17 厘米，秋耕 23 ~ 27 厘米。

◆ **什么是保护性耕作？**

保护性耕作是相对于传统翻耕的一种新型耕作技术。简单地说，就是用作物秸秆残茬覆盖地表，将耕作减少到只保证种子发芽即可，并主要用农药来控制杂草和病虫害的一种耕作技术。由于采用这种技术有利于保水保土，所以称为保护性耕作。

目前一般认为，采用保护性耕作的地表，秸秆覆盖量应超过 30%。保护性耕作，主要包括四项技术：秸秆残茬处理技术、免耕或少耕播种施肥技术、化学药剂控制杂草和病虫害技术以及土壤深松技术。

◆ 保护性耕作有哪些好处？

保护性耕作与传统翻耕相比较，具有几方面的好处：

（1）在社会效益方面。①它能减少径流（水分流失）60%、水蚀（土壤流失）80%左右；②减少风蚀（农田扬沙），抑制沙尘暴；③不烧秸秆，减少大气污染。

（2）在生态效益方面。①保护性耕作可以增加休闲期贮水量14% ~ 15%，提高水分利用效率15% ~ 17%，节约水资源；②可以增加土壤肥力，土壤有机质含量提高0.03%，土壤中速效氮、速效钾的含量提高；③可以改善土壤结构，土壤团粒结构和毛管孔隙（含水孔隙）增加。

（3）在经济效益方面。它能提高小麦、玉米单位面积产量15% ~ 17%，同时减少作业工序，降低单位面积作业成本10% ~ 15%，最终使农民收入增加20% ~ 30%。

◆ 什么是测土配方施肥？

测土配方施肥是以土壤测试和肥料田间试验为基础，根据作物需肥规律、土壤供肥性能和肥料效应，在合理施用有机肥料的基础上，提出氮、磷、钾及中、微量元素等肥料的施用数量、施肥时期和施用方法。通俗地讲，就是在农业科技人员指导下科学施用配方肥。

测土配方施肥是农作物合理施肥的一项重要技术，它不仅可以提高农作物产量、改善品质，而且可减少由于不合理使用化肥带来的环境污染和资源浪费。

◆ 测土配方施肥技术的核心是什么？

测土配方施肥技术的核心是调节和解决作物需肥与土壤供肥之间的矛盾。同时有针对性地补充作物所需的营养元素，作物缺什么元素就补充什么元素，需要多少补多少，实现各种养分平衡供应，满足作物的需要。达到提高肥料利用率和减少用量，提高作物产量，改善农产品品质，节省劳力，节支增收的目的。

◆ **测土配方施肥技术主要包括什么**？

（1）测土：针对性地测试土壤中的有关营养元素。

（2）配方：根据营养元素的丰缺情况、计划产量等提出施肥的种类和数量。

（3）施肥：依据农作物的需肥特点制定出基肥、种肥、追肥的用量、使用方法和追肥的时间。

◆ **常见作物的生活习性及分布地区是怎样的**？

小麦：温带作物，适应性强，南北平原高原均可，长城以南为冬小麦。

水稻：喜温又喜湿，多分布于降水多和灌溉便利地区。秦岭淮河以南集中，东北和华北也有分布。

棉花：喜温好光，适宜于深厚疏松土壤。分布于暖温带、亚热带和热带地区。

甘蔗：喜高温多雨气候条件，要求肥沃土壤，主要在亚热带和热带。

油菜：既喜欢温暖，也能耐寒，种植普遍，长江流域集中。

花生：喜温暖干燥，多生长在疏松沙质土壤中，南北均种，黄河下游各省集中。

◈ 防除杂草的方法有哪些？

防除杂草的方法很多，主要有：①农业除草法，如精选种子、轮作换茬、水旱轮作、合理耕作等；②机械除草法，如机械中耕除草；③化学除草法。化学除草是农业现代化的一项重要措施，具有省工、高效、增产的优点。

◈ 除草剂有哪些划分方式？

（1）按除草剂对作物与杂草的作用可分为选择性除草剂和灭生性除草剂。①选择性除草剂利用其对不同植物的选择性，能有效地防除杂草，而对作物无害，如敌稗、灭草灵、2，4-滴丁酯、二甲四氯、杀草丹等；②灭生性除草剂对植物缺乏选择性，草苗不分，不能直接喷到正在生长作物的农田，多用于播前、芽前、休闲地、田边、坝埂或工厂、仓库等处除草，如百草枯、草甘膦、五氯酚钠和氯酸钠等。

（2）按除草剂在植物体内的输导性能分为输导型除草剂和触杀型除草剂。

（3）按使用方法又可分为土壤处理剂和茎叶处理剂。①土壤处理是将除草剂施于土壤，药剂通过杂草的不同器官吸收而产生毒效；②茎叶处理是将除草剂直接喷洒在杂草株体之上。

（4）从施药时间上分，又有播种前施药和作物生长期间施药之别。

不论选择何种除草剂，也不论在何时或采用何种方式施药，均需严格按除草剂使用说明操作，切不可马虎从事。

◈ 什么是植物激素及其类似物？

植物激素及其类似物是植物生长调节剂（泛指那些从外部施加给植物，在低浓度下引起生长发育发生变化的人工合成或人工提取的化合物）的一类，它属于农药的一类，一般高效低毒。植物激素是指由植物体内产生的，在低浓度下对植物生长发育产生特殊作用的物质。主要包括生长素类、赤霉素类、细胞分裂素类、脱落酸类和乙烯类，它们在植物生长发育中所起的作用各有不同。

目前在作物生产上应用更多的还是人工合成的激素类似物，它们的分子结构与天然激素并不相同，但具有与植物激素类似的生理效能。

◈ 植物生长素的作用是什么？

生长素类，它的重要作用是促进细胞增大伸长，因而能促进植物的生长。但这种作用发生在一定的浓度范围，并有一定的最适浓度。超过这一浓度范围，不但不促进植物生长，反而抑制生长甚至可能致死。农业上主要用合成生长素类物质，如吲哚化合物、萘化合物和苯酚化合物促使插条生根，促进生长、开花、结实，防止器官脱落，疏花疏果，抑制发芽和防除杂草等。

◈ 赤霉素类激素有什么作用？

赤霉素类激素则是用于作物生产的赤霉素，主要为赤霉酸即"九二〇"。它的生理作用是：促进细胞分裂和伸长，刺激植物生长；打破休眠，促进萌发；促进开花；促进坐果，诱导无子果实。

◈ 细胞分裂素类激素有什么作用？

细胞分裂素类，主要有激动素、6－苄基氨基嘌呤等。它的主要作用是促进细胞分裂和细胞增大；减少叶绿素的分解，抑制衰老，保鲜；诱导花芽分化；打破顶端优势，促进侧芽生长。

脱落酸，它是一种抑制型植物生长调节剂，能抑制细胞的分裂和伸长，因而抑制植物生长；可促进离层的形成，引起器官脱落；促进衰老和成熟；促进气孔关闭，提高植物的抗旱性。

◈ 乙烯类激素的生理作用是什么？

乙烯类激素具有多方面的生理作用：促进果实成熟；抑制生长；促进衰老。

◈ 植物生长延缓剂有什么作用？

植物生长延缓剂指那些抑制植物亚顶端区域的细胞分裂和伸长的化合物，主要生理作用是抑制植物体内赤霉素的生物合成，延缓植物的伸长生长。因此，可用赤霉素消除生长延缓剂所产生的作用。常用的有矮壮素、多效唑、比久（B9）、缩节胺等。

◆ **植物生长抑制剂有什么作用**？

生长抑制剂具有抑制植物生长，打破顶端优势，增加下部分枝和分蘖的功效。但与生长延缓剂不同的是，生长抑制剂主要作用于顶端分生组织区，且其作用不能被赤霉素所消除。它包括青鲜素、调节磷、三碘苯甲酸和整形素等。还有另外一些化合物能抑制植物的光呼吸和降低植物的蒸腾作用，称之为光呼吸抑制剂（如亚硫酸氢钠）和抗蒸腾剂（如拉索、2，4-二硝基酚）。

◆ **如何做好小麦的中后期管理**？

（1）要施好拔节肥，浇好拔节水。小麦从拔节至开花是一生中生长量较大的时期，根、叶、蘖、茎、穗等器官全面生长，群体和个体发展迅速，植株的生长量大，分蘖逐渐成穗，是决定每亩穗数和每穗粒数的关键时期，需肥需水较多，田间肥水管理对保证丰收十分重要。追肥时要注意将化肥开沟深施，杜绝撒施，以提高肥效。

（2）要浇好挑旗水，酌情追肥。挑旗期是小花退化较集中的时期。保花增粒并为提高粒重打好基础是这一时期麦田管理的主要任务。挑旗期也是小麦需水的"临界期"，此时灌溉有利于减少小花退化，增加穗粒数，并保证土壤深层蓄水，供后期吸收利用。缺肥地块和植株生长较弱的麦田，可结合浇水亩施尿素10千克左右。

（3）因地制宜，浇足浇好灌浆水。小麦扬花后10~15天应及时浇灌浆水，以保证小麦生理用水，同时还可改善田间小气候，降低高温对小麦灌浆的不利影响，减少干热风的危害，提高子粒饱满度，增加粒重。此期浇水应特别注意天气变化，严禁在风雨天气浇水，以防倒伏。收获前7~10天，忌浇麦黄水。

（4）酌情叶面喷肥，延长叶片功能期。小麦生长后期叶面追肥，不仅可以弥补根系吸收作用的不足，满足小麦生长发育所需的养分；而且可以改善田间小气候，减少干热风的危害，增强叶片功能，延缓衰老，提高灌浆速率，增加粒重，提高小麦产量；同时可以明显改善小麦子粒品质，提高容重，延长面团稳定时间。

（5）做好预测预报，及时防治病虫害。随时注意病虫害发生动态，若达到防治指标，要及早进行防治。

◆ 耕作过程中减少化肥用量的方法有哪些?

化肥可以有效促进作物生长，但是长期大量使用化肥会使土壤生产能力下降。通过秸秆还田、种植紫云英和用好农家肥，可以减少化肥用量。

（1）研究表明，每亩还田秸秆200千克，可以少施20%的磷肥和钾肥，即每亩少施2千克氯化钾和5千克过磷酸钙，每亩节省化肥投入15元。秸秆还田前期需消耗一定量的氮素，应适当增加前期氮肥用量，减少后期氮肥用量。

（2）种紫云英也可以帮助减少化肥施用量。紫云英中氮、磷、钾含量分别为0.48%、0.11%和0.24%，即每亩翻埋500千克紫云英可以少施5千克尿素、5千克过磷酸钙和2千克氯化钾，每亩节省化肥投入25元。

（3）施农家肥也是一个有效的办法，但农家肥的积存和施用方法不当会造成养分严重流失，起不到增肥效果。积存农家肥时要做好密封工作，防止肥料挥发和渗漏。肥料要充分腐熟，以提高养分释放速度，杀灭寄生虫、病菌和杂草种子。农家肥一般应作基肥深施，不能与草木灰等碱性肥料混合存放和施用。

◆ 果菜类蔬菜早衰有哪些症状?

果菜类蔬菜主要有辣椒、黄瓜和番茄等，其早衰的症状为植株萎缩、叶片变黄、果实成熟晚、产量低，严重的可使植株过早死亡。

◆ 防止果菜类蔬菜早衰的方法有哪些?

（1）适时摘心整枝。

（2）摘除老叶。各种果菜类蔬菜都要及时摘除植株下部的老叶、枯叶和病叶，以防田间郁闭。这样不仅可以减少植株的营养消耗，又能有效地控制病害的传播和蔓延，还有利于田间通风透光，促进植株健壮生长。

（3）及早采收果菜类蔬菜。提倡早收果实，这样既可减少养分消耗，又可防止植株过早衰老。

（4）及时追肥。及时追肥为植株的生长发育提供充足的养分，这是防止植株衰老的关键。追肥的最佳时期在果实采收后，一般可结合灌水追施腐熟的人粪尿或氮肥和磷肥 1～2 次。黄瓜每亩追施磷酸二铵 10 千克，茄子每亩追施尿素 10 千克，辣椒追施肥料要适当多些，每亩可追施磷酸二铵 12 千克左右，但需要将化肥溶于水中追施，不宜刨坑追施，以防伤了辣椒的根系。

（5）灌水降温。

◆ 蔬果摘心应注意什么？

果园摘心的主要作用是防止植株徒长，减少养分过多消耗，促进植株多结果。

实践证明，对辣椒进行合理整枝，可以显著地提高其产量。操作方法：待第一批辣椒采摘完毕后（此时辣椒秧已处于歇枝阶段），要将靠近基部生长的 4 大枝以上长出的 8 个枝条剪掉。与此同时，还要加强水肥管理，这样不仅能减少养分消耗，而且还会使靠近基部生长的 4 大枝通风透光良好，减少落花烂果现象并可提高辣椒产量。

黄瓜要在 25 片叶时进行摘心，以促进回头瓜的形成，否则易造成营养运输受阻。

番茄摘心时间要在第四穗花坐果后，并在穗果上留 2 片叶，以免造成根系早衰和植株下部卷叶，切忌在第四花序刚一开花就摘心。

◆ 夏季如何进行灌水？

在炎热的夏季，可根据天气和土壤墒情适当进行灌水，灌水要小水浇灌，以防止冲刷垄基部而伤害植株根系。同时，在降大雨后，还要做好排水防涝工作，以保证秧苗正常生长发育。

◆ 间种有哪些需注意的问题？

（1）侵占树盘的营养面积。一般间种作物要离开树干 2 米远，最起码也应在树冠滴水线以外，幼年果树园间作面积也不得超过果树面积一半，才能避免间作物与果树争肥争水或耕作时撞伤果树。

（2）间种高秆和攀援作物。若植株高大，如玉米、高粱等，或间种苦瓜、丝瓜、冬瓜、豇豆等藤蔓作物，需支撑搭架，好似挡风屏障一样，阻碍空气流通，挡住果树阳光，影响果树生长发育。

（3）间种吸肥力强和与果树相克的作物。间种作物应有利于改良土壤、培肥地力、保持水土、不传播病虫害，又有经济效益。如花生、大豆等豆科类作物，不得间种吸肥力极强、造成土壤贫瘠的作物。还有高粱等与果树相克，故也不宜间种。

（4）连续混作间套间种作物。应合理轮作换茬，不得连续混作间种同一种品种或同一类作物，以避免某一作物吸收土壤养分不平衡，同时可避免某一病虫在果园繁衍发生危害。

◆ 如何建造竹木结构大棚？

竹木结构大棚一般跨度 8 ~ 12 米，高 2.4 ~ 2.6 米，长 40 ~ 60 米，每个面积 333 ~ 667 米 ^{2}。以 3 ~ 6 厘米粗的竹竿为拱杆，拱杆间距 0.8 ~ 1.0 米，每一拱杆由 6 根立柱支撑，立柱用木杆或水泥预制柱。这种大棚的优点是建筑简单，拱杆有多柱支撑，比较牢固，建筑成本低；缺点是立柱多造成遮光严重，且作业不方便。

◆ 如何建造悬梁吊柱竹木拱架大棚？

悬梁吊柱竹木拱架大棚，是在竹木大棚基础上改进而来，中柱由原来的 0.8 ~ 1.0 米一排改为 2.4 ~ 3.0 米一排,横向每排 4 ~ 6 根。用木杆或竹竿做纵向拉梁把立柱连接成一个整体,在拉梁上每个拱架下设一立柱,下端固定在拉梁上,上端支撑拱架,通称"吊柱"。此种大棚优点是减少了部分支柱,大大改善了棚内的光环境,且仍具有较强的抗风载雪能力,造价较低。

◈ 如何建造拉筋吊柱大棚?

拉筋吊柱大棚一般跨度 12 米左右,长 40 ~ 60 米,矢高 2.2 米,肩高 1.5 米。水泥柱间距 2.5 ~ 3.0 米,水泥柱用 6 号钢筋纵向连接成一个整体,在拉筋上穿设 2.0 厘米长吊柱支撑拱杆,拱杆用 3 厘米左右的竹竿,间距 1 米,是一种钢竹混合结构,夜间可在棚上面盖草帘。此种大棚优点是建筑简单,用钢量少,支柱少,减少了遮光,作业也比较方便,而且夜间有草帘覆盖保温,提早和延迟栽培果菜效果好。

◈ 如何建造无柱钢架大棚?

无柱钢架大棚一般跨度为 10 ~ 12 米,矢高 2.5 ~ 2.7 米,每隔 1 米设 1 道桁架,桁架上弦用 16 号、下弦用 14 号钢筋,拉花用 12 号钢筋焊接而成,桁架下弦处用 5 道 16 号钢筋做纵向拉梁,拉梁上用 14 号钢筋焊接两个斜向小立柱支撑在拱架上,以防拱架扭曲。此种大棚无支柱,透光性好,作业方便,有利于设置内保温,抗风载雪能力强,可由专门的厂家生产成装配式以便于拆卸。缺点是与竹木大棚相比,一次性投资较大。

◈ 如何建造玻璃纤维增强型水泥大棚?

玻璃纤维增强型水泥大棚又称 GRC 大棚。这种大棚是骨架以低碱早强水泥为基材、玻璃纤维为增强材料的一种大棚。跨度一般为 6 ~ 8 米,矢高 2.4 ~ 2.6 米,长 30 ~ 60 米。其优点是坚固耐用,使用寿命长,成本低(每 667 米^{2}约 5000 元),但这类大棚搬运移动不便,需就地预制。目前在湖北推广较多。

◈ 装配式镀锌薄壁钢管大棚怎样搭建?

装配式镀锌薄壁钢管大棚跨度一般为 6 ~ 8 米,矢高 2.5 ~ 3.0 米,长 30 ～ 50 米。管径 Φ25，管壁厚 1.2 ～ 1.5 毫米的薄壁钢管制作成拱杆、拉杆、立杆（两端棚头用），钢管内外热浸镀锌以延长使用寿命。用卡具、套管连接棚杆组装成棚体，覆盖薄膜用卡膜槽固定。此种棚架属于国家定型产品，规格统一，组装拆卸方便，盖膜方便。棚内空间较大，无立柱，两侧附有手动式卷膜器，作业方便，南方都市郊区普遍采用。

◆ 温室大棚中有害气体的危害有哪些？

（1）氨气的危害多在追肥后 3 ～ 4 天出现。当空气中氨气浓度达到 5 毫升 / 升时，作物就会受到危害。最先受害的是生命力旺盛的叶片的叶缘及部分心叶，叶缘组织先变褐，后成白色，严重时枯死。若氨气浓度达到 40 毫升 / 升时，作物会受到更为严重的危害，甚至使整株死亡。黄瓜、番茄、辣椒等对氨气反应较敏感，茄子反应迟钝些。

（2）亚硝酸气体危害多在施肥后 10 ～ 15 天出现。当空气中亚硝酸气体浓度达到 2 毫升 / 升时，作物就会受到危害。轻则叶片上出现白斑，重则叶脉也变白，通常近地面叶片受害较重。番茄、茄子、黄瓜、芹菜、莴苣等对亚硝酸气体较敏感。

（3）氯气由作物叶片的气孔进入叶肉组织，破坏叶绿素和叶肉组织，开始时叶缘变白、干枯，严重时整个叶片死亡。

（4）一氧化碳和二氧化硫均可使植株叶片正面和反面出现白色或褐色斑点，重者可使叶片枯死。

◆ 如何防治温室大棚中产生的有毒气体？

（1）注意通风换气。

（2）科学施肥。

（3）注意薄膜质量。选用聚乙烯塑料膜或质量可靠的聚氯乙烯塑料膜，不但可防止有害气体溶解在水滴中危害蔬菜，而且可减轻病害。

（4）安全加温。炉体和烟道设计要合理，安装要密闭，燃料要选用优质低硫煤。加强加温管理，防止倒烟。室内点火增温时，必须明火充分燃烧，严格控制燃烧时间，防止一氧化碳、二氧化硫等有害气体超标，危害作物。

（5）对症抢救。出现中毒症状时，应找出原因，除采取针对性措施外，还应采取浇水、施肥、松土等措施，促使受害植株迅速恢复生长。

◈ 如何做好大棚的通风换气工作？

只要温度不是很低，天天都要开启风口，最少通风50分钟以上。因为土壤肥料的"氨化"和"硝化"反应总要不断地释放氨气和亚硝酸气体，必须通风加以排除，以免其含量超标，危害作物。通风以清晨或夜间最好，可以兼排室内的水蒸气，降低设施内空气湿度，利于防治病害发生。

如果室外温度过低，通风会引起室内温度急速下降时，则应适当减少通风，但绝不允许不通风，可每2天左右通1次风，改清晨、夜晚通风为午后通风，时间可以少于30分钟。每天早晨用pH试纸测试棚膜上露水，若呈碱性，表明有氨气产生，须及时放风。

◈ 如何在棚室中进行科学施肥？

有机肥料在施入棚室内之前2～3个月，要将其加水拌湿，堆积后盖严塑料薄膜，经过充分发酵腐熟后再施入棚内。严禁在设施内撒施速效氮肥，如尿素、碳酸氢铵、硫酸铵、二铵等化肥，这类肥料施入土壤中后，如果不能及时被土壤溶液溶解吸收，易挥发氨气，危害作物。因此应尽量减少使用，如果必须追施时，要结合浇水进行，事先把肥料溶解成水溶液，随水冲施，以防氨气挥发，危害蔬菜。

◈ 如何给盐渍化严重的老龄大棚施肥？

对于老龄大棚来说，面临最突出的问题是土壤盐渍化，而导致土壤盐渍化最突出的原因是菜农长期、大量施用化肥。老龄大棚保温性差，进入冬季后，还容易出现伤根现象。所以，老龄大棚在冬季选择冲施肥时应注重选择微生物冲施肥或腐殖酸、全水溶性肥等肥料，既缓解土壤盐渍化又利于提高地温。主要方法有：

（1）选择生物肥料。生物肥料能把土壤中固定的氮磷钾释放出来，促进土壤肥力提高。在老龄大棚中使用生物肥料效果更为显著。为了保证蔬菜吸收足够的营养，建议菜农还是生物肥料与复合肥轮换使用。

（2）选择腐殖酸类肥料。因为老龄大棚土壤中氮磷钾等养分含量较高，腐殖酸肥能够提高土壤中磷钾及某些微量元素的利用率。腐殖酸肥对磷和钾具有增效作用，在增施腐殖酸类肥料的基础上，可以适当减少化学肥料的用量，一般可减少1/3左右。

蔬菜生产中常用的腐殖酸类肥料有硝基腐殖酸、腐殖酸铵、腐殖酸钠、腐殖酸钾、硝基腐殖酸钾、腐酸二铵、腐酸磷肥等，菜农朋友可选择施用。

（3）选择全水溶性肥料。全水溶性肥料用量少，1亩地的大棚仅用5.0～7.5千克即可，而利用率高达85%以上，能补充作物所需的营养，冬季与生物菌肥轮换施用，是值得推广的冲肥方式。

◆ 春季怎样加强大棚的通风降温、除湿工作？

2月中旬以后，光照充足，气温回升快，蔬菜进入旺盛生长阶段，棚内温度易出现超过35℃的情况，严重影响授粉、结实，并使植物长势衰弱。同时水肥需求量加大，浇水次数增多，棚内湿度加大，病害加重。为此，必须加强通风换气，调节棚内温、湿度。

上午10点左右，当棚内温度超过30℃时，应进行放风换气，操作时放风口应由小到大，逐渐进行。下午2点左右，待棚内温度在22～25℃之间时应关闭通风口，以利于夜间保温。放风的同时，将棚内的水蒸气放出，降低棚内湿度，减轻病害的发生。

◆ 春季合理的肥水管理应注意什么？

春季蔬菜作物生长旺盛，肥水需求量加大，应及时追肥浇水。黄瓜一般4～5天一水，10天左右随水追施尿素12～15千克/亩，共追2次。茄果类（番茄、辣椒、茄子），1周左右一水，每20天左右追肥1次，每亩追施三元素复合肥15千克左右，共追施2次。注意浇水应掌握在晴天上午进行，以便中午放风时降低棚内空气湿度。

◆ 春季危害大棚蔬菜的病害主要有哪些，又该如何防治？

春季危害大棚蔬菜的主要病害为：霜霉病、疫病、细菌性角斑病、叶霉病、灰霉病、病毒病等。

在防治上应采用广谱性杀菌剂，做到预防为主。在发病初期，视病害发生情况选择专用杀菌剂及时防治。如霜疫力克防治霜霉病、疫病；施美特防治灰霉病；加瑞农防治叶霉病；农用链霉素防治细菌性角斑病；病毒宁防治病毒病。

如果以上病害同时发生，则可根据病害种类将以上药剂混合使用。注意喷药时应在上午进行。遇阴雨天气提倡用烟雾剂熏棚。

◆ 春季危害大棚蔬菜的虫害主要有哪些，该如何防治？

危害蔬菜的主要虫害为：蚜虫、白粉虱。防治时要采用喷雾与烟熏相结合的方法。

具体用药：吡虫啉 + 乐丹混合液叶面喷雾，蚜虱螨一熏净于傍晚闭棚后熏棚。喷雾与烟熏同时进行效果最为理想。

◆ 如何确定给大棚作物浇水的时间？

（1）观察大棚内作物的具体状况，例如，要看植株的长势，如果植株叶片会萎蔫，发生果实脐腐病，这时就应及时补充水分。

（2）在浇水之前一定要收看天气预报，不但要选择晴天浇水，还要保证浇水后有 2 ~ 3 天的晴天，以避免浇水后遇到阴雨天气，导致棚内湿度增大，地温降低，病害多发。深冬季节更需特别注意，在连续阴天后骤晴的前 2 天，也不适宜浇水，应先提高棚温和地温，使植株基本恢复正常再浇水。

（3）如果地温较低，那么浇水最好在上午拉开草苫后进行。

◆ 为大棚作物浇灌需要注意哪些问题？

（1）要适度浇水。春季棚室蔬菜浇水，一般遵循不缺不浇、宁干勿湿的原则，保持作物根际土壤含水量在 60% 左右，防止过多过频浇水，切忌大水漫灌。过度浇水易降低棚内气温、土壤地温，对作物生长不利。

（2）要适时浇水。蔬菜出现萎蔫、卷须不能正常伸挺时，说明已缺水，应及时浇水。浇水宜选晴天中午前后进行，浇后适当通风散湿，防止棚内湿度过大，造成病虫害蔓延。特别是番茄灰霉病、黄瓜霜霉病，极易在高温、高湿条件下发生。

（3）要小水勤浇。春季棚菜采用小水勤浇，或用水壶逐株点浇，可基本满足作物生长需要，又可防止棚内温度明显下降、湿度明显增加，从而抑制病虫害大量发生。

（4）要注意水温。水温与棚内温度相差5℃以上时，易造成根系伤害。用水温较高的深井水，或棚内预储水灌溉较好。用预储水灌溉，可在棚内建一蓄水池，浇水前1～2天池内提前储水，利用棚温加温，浇水时可防止棚温、地温下降。

（5）要膜下暗灌。对瓜类、茄果类、豆类等春季棚菜，栽培时应采用地膜覆盖栽培技术，灌水时利用膜下暗灌，可利用地膜加热水温、地温，并抑制水分过量蒸发，防止棚内湿度过大，避免病虫害发生蔓延。

◆ 增加大棚地温的措施有哪些？

增加大棚地温，可以覆盖地膜。覆盖地膜不但能减少地面水分蒸发，保持土壤水分，降低空气湿度，减少病害发生，同时还能提高地温，加快蔬菜生长速度。

同时，也可以蓄水增温。所谓蓄水增温就是在大棚内建蓄水池，先将水经蓄水池提升温度后再浇灌蔬菜。此法简单、实用，效果也不错。缺点是占用一些棚内空间。

◆ 如何进行地膜覆盖栽培？

地膜覆盖栽培不同于传统栽培的促根和护根栽培技术，它不是在传统栽培的基础上简单地盖一层薄膜，而是要采用一系列适于地膜覆盖栽培的配套技术，才能发挥其应有的覆盖效应。它首先需要整地作畦，即起垄；其次需要盖膜。

◆ 采用地膜覆盖栽培时如何整地作畦？

地膜覆盖的作物在整个生育期一般免耕，还要使地膜密贴于畦面上，因此整地作畦要求高质量。所以必须要进行平整土地，细致碎土。结合整地彻底清除田间根茬、秸秆、废旧地膜及各种杂物，在充分施入有机肥的同时耕翻碎土，使土壤表里一致，疏松平整，土壤内不应有大土块。地面不平，土壤不细，畦面难以整平，必然导致地膜封盖不严甚至膜撕裂，不仅妨碍保温、保水等多种性能，而且易使杂草滋生，消耗地力，影响作物正常生长。如果底墒不足可以提前灌水造墒，再进行整地；在无灌溉条件的地区早春应提早耙地，镇压保墒，并及时作畦（起垄）覆盖地膜，以防止水分蒸发散失。

为了蓄热提高地温，地膜覆盖还要求作高垄。垄高度因地区、土质、降水、栽培作物种类及耕作习惯而异。我国北方干旱及半干旱地区以10～15厘米为好，垄过高影响灌水和水分横向渗透，也影响作物对水分的吸收利用。垄宽度同样要考虑各地不同情况及地膜的宽度加以确定。一般蔬菜、花生、棉花、西瓜、甜瓜等可用90～100厘米宽的地膜，覆盖畦面宽55～65厘米，覆盖度为60%～70%，沟宽（步道）30～40厘米；用70厘米宽地膜，覆盖宽度为30～35厘米的高垄。我国目前生产的地膜幅宽为70～200厘米，其中70～100厘米幅宽地膜居多。垄长度根据土地平整程度决定。

◆ 如何提高地膜覆盖栽培中的盖膜质量？

提高覆膜质量是地膜覆盖栽培中的关键一环。应注重连续作业，即整地、施肥、起垄后要立即覆盖地膜，防止水分蒸发以利保墒。手工覆膜可3人一组，1人铺放拉紧地膜，2人在畦侧压土，达到盖膜"平、紧、严"的标准，沙壤土更需固定压牢，步道一般不盖膜，以利于灌水、施肥和田间作业。

在大面积栽培时，可进行机械化覆膜，一般简单覆膜机可一次完成覆膜、压土固膜作业，提高工效10倍以上。应用联合作业覆膜机械，则可一次完成整地、碎土、施肥、作畦、喷洒除草剂、覆盖地膜、压土打孔、播种、封盖播种孔等全部多项作业，提高工效达百倍。

◆ 覆膜栽培有哪些管理技术？

（1）施足基肥。地膜覆盖地温高，土壤微生物活动旺盛，有机质分解快，速效养分增加，作物生长快。为保持有较高的土壤肥力和水分，防止作物中后期脱肥早衰，在整地过程中应充分施入迟效性有机肥，这是保持地力获取持续高产的保证。一般地膜覆盖的基肥施入量要高于一般栽培30%～50%，注意氮、磷、钾合理配施。基肥施入前要充分翻捣，清除砖石杂物，并经充分发酵再施入田间，施肥后通过翻耕使之与土壤充分混合。

（2）注意品种的选择与播种。地膜覆盖栽培可选择比裸地栽培有效积温多100℃左右的品种。大多数作物多采用直播，可先覆膜后播种，要注意播种深度、播种量和覆土深度，保证苗齐；先播种后覆膜要特别注意幼苗顶土时及时破膜放苗。早春覆膜正值春季多风季节，为固定地膜防止风害，在畦上每隔2～3米可压一小土堆，而且要注意经常检查，及时封堵破损漏洞。

（3）合理灌水追肥。在覆膜栽培整个生育期间，灌水次数及灌水量较常规栽培减少，在土壤水分充足的情况下，前期应适当控水，促根下扎，防止徒长。而在中后期作物旺盛生长期间，需肥量大，蒸腾量大，耗水多，应适当增加灌水，并结合追施速效性氮肥，满足作物后期肥水需求，防止早衰。但忌大水漫灌，否则土壤湿度大，通气不良，板结，影响根系发育。

（4）防除杂草。提高覆盖地膜质量，封严压实，及时堵严破洞，使地膜与地表间呈相对密闭状态；选用黑色膜、绿色膜等除草专用地膜；喷洒适宜的除草剂，其用药量应较常规栽培减少1/3。

（5）注意病虫害的防治。

◈ 覆膜栽培时，如何科学选膜？

膜大体分为工业用膜和农业用膜，在蔬菜生产上一定要选择农业用膜，千万不能选用工业用膜，因为一些工业用膜含有有毒物质，对作物有伤害，甚至造成绝产绝收。

农业用膜可分为透明膜、黑色膜、银灰色膜等，要根据季节、作物种类、覆盖目的，选择不同棚膜。如棚菜以增温保湿为目的的要选择透明膜；以降地温、除草保湿为目的的要选择黑色膜；防蚜虫可用银灰色膜等。

◈ 地膜覆盖栽培如何做好水分管理？

地膜覆盖前，土壤中水分一定要充足，这是保证出苗和苗期正常生长的关键。相反，如果土壤黏重，水分过多，缺乏氧气，对种子发芽和根系生长不利，这样的地块应先晾墒，湿度适宜时再覆盖地膜，否则易沤根毁苗。

◆ 如何确定地膜覆盖栽培作物的播种期？

地膜覆盖播种不能过早，因为盖膜地温好、墒情好、出苗快，遇到晚霜易受冻，造成毁苗。确定播种期一定要考虑3种因素：①种苗对环境条件的要求；②本地的终霜期；③从播种到出苗的天数。

在3种条件均适宜的情况下，最好是终霜期前播种终霜期后出苗，这样才有利于增产增收。

◆ 如何做好地膜覆盖栽培的施肥工作？

化肥施用量一定要合理，施底肥时不论是有机肥还是化肥一定要全层施肥，而且要深翻20～30厘米，并与土壤充分混合，严防浅施在表土层。用肥量要准确，不能过多或过少，施用的有机肥要充分腐熟。

◆ 施用棚室烟雾剂农药的最佳时间是何时？

在确定施药时间时，要根据棚室蔬菜生产的特点。施放烟雾剂最好在傍晚日落后进行，以让其在夜间烟熏，因为这期间更有利于烟剂的雾粒下沉，防治效果更加理想。

◆ 棚室烟雾剂农药的施放方式有哪些？

（1）定点放烟，即选定几个放烟点，将烟剂均匀地放在地上，用香火或烟头点燃。好多烟剂是100克小袋装，大棚可以整袋使用，小棚可以将烟剂粉放在旧报纸卷成的小纸筒内，插入引火捻点燃，也可100克装烟柱，每支剪成两段使用。点火顺序是从棚里向棚口依次顺序点燃。

（2）流动放烟则是把烟剂放置于铁铲上，点燃以后手持铁铲由棚里向棚外慢慢移动。但使用此方式要防止中毒，一般不提倡使用。

◆ 棚室烟雾剂农药的适宜施用剂量是多少？

在确定施药剂量时要本着经济高效的原则，根据防治对象选择适用药剂及适宜的剂量。如防治黄瓜霜霉病、疫病，番茄早疫病、晚疫病、灰霉病等，可选用 10% 腐霉利烟剂，每亩用药 250 ~ 300 克，发病重的棚室药量适当增加到 400 ~ 500 克；如白粉病可选 15% 克菌灵烟剂，每亩用药 250 ~ 300 克，也可每亩用硫磺粉 250 克、锯末 500 克进行熏烟；防治菌核病，可选用 10% 速克灵烟剂，每亩用药 250 ~ 300 克；防治蚜虫、白粉病等害虫，可选用 10% 异丙威烟雾剂、棚虫统杀烟雾剂等，每亩用量 250 ~ 300 克。

◆ 在棚室内施用烟雾剂农药时需要特别注意哪些问题？

（1）施用棚室内燃放烟剂至少要密闭闷棚 4 小时以上，放烟时间最好在日落前后进行，第二天即可全面打开通风口进行通风换气。

（2）施用百菌清烟雾剂只能在大棚或温室里进行，而且一定要关闭严实。

（3）贮存烟雾剂一定要远离火源，并做到防潮、防高温，点火不能用明火，点燃后人要立即离开棚室。

（4）施用时要注意保护好眼睛和皮肤，施用后要及时用肥皂水洗脸、洗手以及其他身体裸露的部分。

◆ 人工控旺技术有哪些？

由于生产条件的改善，施肥水平的提高，作物生产中经常出现营养（枝叶）生长过旺的现象，若不及时调节控制，将导致产品数量和质量下降。人工控旺技术主要有：

（1）深中耕。采用人工松土的办法，使植株周围的土壤松动，损伤部分根系（切断浮根），减少营养和水分的吸收，减缓苗叶生长，从而达到控旺目的。该技术主要用于禾谷类作物的前期，控制叶蘖生长，造成小分蘖死亡，增加分蘖成穗。

（2）压苗。压苗主要用于麦类，苗期麦苗出现旺长时，可用木磙或其他工具压苗，使地上部麦苗受压损，控制其生长，从而促进根系生长。但压苗一定要掌握好时机，必须在拔节前进行。镇压可以达到压苗的作用，不过它的主要作用还在于沉实土壤，使土壤水分上移，增加地表墒情，在干旱情况下能促根增蘖。

（3）摘心，也称打顶。无限生长习性的豆类在整个生长发育期间，只要顶芽不受损，均能不断分化出新的枝叶。摘除主茎顶尖，能消除顶端优势，抑制茎叶生长，使养分重新分配，减少无效果枝和叶片，促进生殖器官的生长发育，提高荚数和粒重，一般可增产10%。摘心一般适用正常和旺长田块，长势差的田块不必摘心。摘心一般在开花期进行，宜摘去顶尖1叶1心部分。作物不同，摘心时期略有差异，大豆宜在盛花期，蚕豆宜在初花期。此外，生产上常采用玉米隔行去雄、马铃薯摘花等措施减少养分无效消耗。

◆ 无土栽培的方法有哪些？

无土栽培的方法很多，目前生产上常用的有水培、雾(气)培、基质栽培。

◆ 什么是水培技术？

水培是指植物根系直接与营养液接触，不用基质的栽培方法。营养液膜法的水培方式，简称NFT。它的原理是使一层很薄的营养液(0.5～1厘米)层，不断循环流经作物根系，既保证不断供给作物水分和养分，又可防止植物缺氧。

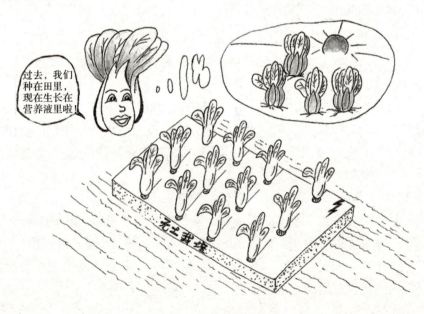

NFT法栽培作物，灌溉技术大大简化，不必每天计算作物需水量，营养元素均衡供给。根系与土壤隔离，可避免各种土传病害，也无需进行土壤消毒。此方法栽培的植物直接从溶液中吸取营养，相应根系须根发达，主根明显比露地栽培退化。

◆ 什么是雾（气）培技术？

雾（气）培，又称气增或雾气培。它是将营养液压缩成气雾状而直接喷到作物的根系上，根系悬挂于容器的空间内部。通常是用聚丙烯泡沫塑料板，其上按一定距离钻孔，于孔中栽培作物。两块泡沫板斜搭成三角形，形成空间，供液管道在三角形空间内通过，向悬垂下来的根系上喷雾。一般每间隔2~3分钟喷雾几秒钟，营养液循环利用，同时保证作物根系有充足的氧气。

此方法设备费用太高，需要消耗大量电能，且不能停电，没有缓冲的余地，目前还只限于科学研究应用，未进行大面积生产。

◆ 什么是基质栽培？

基质栽培是无土栽培中推广面积最大的一种栽培方式。这种栽培方式将作物的根系固定在有机或无机的基质中，通过滴灌或细流灌溉的方法，供给作物营养液。栽培基质可以装入塑料袋内，或铺于栽培沟或槽内。基质栽培的营养液是不循环的，称为开路系统，这可以避免病害通过营养液的循环而传播。

基质栽培缓冲能力强，不存在水分、养分与供氧之间的矛盾，且设备较水培和雾培简单，甚至可不需要动力，所以投资少、成本低，生产中普遍采用。

◆ 食用菌种植中如何防旱？

（1）注意生产场所选址。选址尽量靠近水源，建设好引水、喷灌水设施，以积蓄雨水、山泉水。日常栽培要节约用水，采取喷淋、滴灌等方式。菇棚建造要利于保温、保湿。

（2）科学接种。接种穴深则装菌多，有利于增强抗旱能力，减少外界温差对种穴底部种块的刺激，成活率得到提高。

（3）适时散堆、移堆。把温度较高地方的菌棒转移到楼下、泥房、通风良好的房间。注意散堆，以三角形或井字形堆放，减少菌棒堆放层数，保持室内通风。散堆、移堆最好在晚间进行，注意尽量轻拿轻放。注意遮阳、通风。每天晚上20点到次日7点对房间进行强制性通风换气，尽量使室内温度控制在33℃以下，避免室温在33℃以上的时间超过2~3个小时，空气相对湿度控制在70%左右。

（4）正确处理烂棒。发现有烂棒、杂菌感染的马上拣出集中堆放，不要随意丢弃，以免相互感染和污染环境。对培养料质地还较好的烂棒可暴晒处理，重新用于生产香菇、鸡腿菇或其他高温品种。

◆ 水稻抗病虫栽插的关键技术有哪些？

为了使水稻能够更好地生长，抗病虫，在给水稻栽插时应注意几点：

（1）对稻田恰当地施用化肥，如硫酸锌、硫酸亚铁、硫酸镁、硼砂、硅肥等，作水稻基肥施用，在返青活棵期也可施用微肥，减轻由于长期掠夺性经营，稻田土壤中营养失衡，水稻抗病性减弱，病虫害发生加重的危害。

（2）抓好对水稻田的土壤处理。使用土壤处理的杀菌剂（如多菌灵、福美双、代森铵、甲基托布津等及其复配剂），单位用量可适当加大，与基肥拌匀施入，以保证水稻栽后25～30天内不发生病害，确保水稻正常生长发育。

（3）在移栽前整地施肥时，用辛硫磷、甲拌磷、敌百虫、毒死蜱等及其复配剂的颗粒剂或粉剂与肥料拌在一起撒入田内，然后旋耕整地，或在水稻返青活棵时排干田水后，将上述药剂掺沙或细土撒入稻田，再灌水，防治水生害虫。

（4）利用氨基酸、腐植酸、细胞激活剂、细胞分裂素、活力素、强力生根壮苗剂、生根壮苗素等调节剂促进水稻生根。

（5）扩大水稻移栽的行距，缩小株距，降低密度，实行稀植。

◆ 利用调节剂增强水稻抗药性的具体方法是什么？

按产品说明配制好药液后，将待移栽的水稻秧苗根部直接放在药液内浸泡约 10 分钟，然后取出直接栽插即可。这样可以促进水稻生根，使受损根系迅速恢复活力，阻止病菌侵染根系，缩短水稻移栽缓苗期，促进稻株多生根、多分蘖和快速生长。

◆ 水稻移栽时株距的具体要求是什么？

杂交稻（包括杂籼和杂粳）行距为 33.3 厘米，株距为 13.3 厘米，每亩栽 1.5 万穴。常规稻行距 26.6 厘米，株距缩小到 10 ~ 13.3 厘米，每亩栽 2 万穴。

◆ 科学管理棉花种植应做好哪几方面的工作？

（1）加强棉田水系设施的配套，提高调蓄排灌功能，为棉花的正常生育创造高标准的水利条件。

（2）改良棉田土壤，特别是要增施有机肥，提高保水保肥的能力。

（3）平衡施肥，增施磷钾和硼肥等微量元素，避免生理性凋枯早衰。

（4）增加投肥量，特别是花铃肥和桃肥。

（5）在棉花生育过程中，始终要注意保叶养根，促进根发，延长根系供水供肥的功能期。

◆ 小麦晚霜冻害的表现有哪些？

小麦拔节后，抗寒能力渐弱，易遭晚霜冻害。受晚霜冻害的小麦表现为茎部受伤害，有的是叶片变黄扭曲，严重时植株枯萎且穗部的雌蕊和雄蕊受冻，结实率降低。

◆ 防御小麦晚霜冻害的方法有哪些？

（1）在易发生霜冻的地区要选用和搭配种植拔节晚的耐冻品种。拔节较早的品种易受冻害，拔节晚的品种抗寒力强，晚霜来临时冻害轻。

（2）熏烟。柴草或化学发烟剂燃烧时不但放出热量，使气温升高，而且在田间形成的烟幕还可吸收太阳的辐射热，减少地面的热辐射，防止土壤和植株大量失热。此外，水汽在烟尘上面凝结时也可释放大量的热，使气温提高。熏烟的时间要掌握好，不能过早也不能过晚，一般以叶面温度降到比霜冻指标高 1℃时为宜。熏烟时要在同一时间点燃田间各个熏烟点的柴草或发烟剂，以增强效果。

（3）灌水。水的比热容比空气和土壤大得多，并且土壤水分的导热能力较强，天气突然变冷时土壤下层的热量能向上传递，避免温度出现急剧变化。霜冻前灌水能给土壤补充大量的热量。因此有喷灌条件的地区可在发生霜冻时喷水，调节田间小气候，防止小麦出现冻害。据调查，在霜冻发生前灌水可以使地温提高 1 ~ 3℃，叶面温度提高 0.2 ~ 0.7℃，小麦所受的冻害显著减轻。

（4）加强栽培管理，适时播种，合理施肥，多施磷肥和钾肥，增强植株的抗冻性。此外，拔节期叶面喷施矮壮素和多效唑溶液，能抑制植株旺长，降低株高，既能防倒也能防冻。

五、土地经营物资

◆ **土地经营中常用农药的毒性是怎样分类的?**

根据目前农业生产上常用农药（原药）的毒性综合评价（急性口服、经皮毒性、慢性毒性等），农药毒性可分为高毒、中等毒、低毒三类。高毒农药只要接触极少量就会引起中毒或死亡。中、低毒农药虽较高毒农药的毒性低，但接触多、抢救不及时也会造成死亡。

◆ **高毒农药包括哪些?**

高毒农药有 3911、苏化 203、1605、甲基 1605、1059、杀螟威、久效磷、磷胺、甲胺磷、异丙磷、三疏磷、氧化乐果、磷化锌、磷化铝、氰化物、呋喃丹、氟乙酰胺、砒霜、杀虫脒、西力生、赛力散、溃疡净、氯化苦、五氯酚、二滨氯丙烷、401 等。

◆ **中等毒农药包括哪些?**

中等毒农药有杀螟松、乐果、稻丰散、乙疏磷、亚胺疏磷、皮蝇磷、六六六、高丙体六六六、毒杀芬、氯丹、滴滴涕、西维因、害扑威、时蝉散、速灭威、混灭威、抗蚜威，倍疏磷、敌敌畏、拟除虫菊酯类、克瘟散，稻瘟净、敌克松、402、福美砷、稻脚青、退菌特、代森锰、代森环、

2，4– 滴丁酯、燕麦敌、毒草胺等。

◆ 低毒农药有哪些？

低毒农药有敌百虫、马拉松、乙酰甲胺磷、辛硫磷、三氯杀螨醇、多菌灵、托布律、克菌丹、代森锌、福美双、萎锈灵、异稻瘟净、乙磷铝、百菌清、除草醚、敌稗、阿特技津、去草胺、拉索、杀草丹、二甲四氯、绿麦隆、敌草隆、氟乐灵、苯达松、茅草枯、草甘磷等。

◆ 我国对土地经营中农药安全使用有哪些规定？

凡已订出"农药安全使用标准"的品种，均按照"标准"的要求执行。尚未制订"标准"的品种，执行下列规定：

（1）高毒农药不准用于蔬菜、茶树、果树、中药材等作物，也不准用于防治害虫以及防治人、畜皮肤病。除杀鼠剂外，也不准用于毒鼠。氟乙酰胺禁止在农作物上使用，不准做杀鼠剂。"3911"乳油只准用于拌种，严禁喷雾使用。呋喃丹颗粒剂只准用于拌种、用工具沟施或戴手套撒土，不准浸水后喷雾。

（2）高残留农药六六六、滴滴涕、氯丹，不准在果树、蔬菜、茶树、中药材、烟草、咖啡、胡椒、香茅等作物上使用。氯丹只准用于拌种，防治地下害虫。

（3）杀虫脒可用于防治棉花红蜘蛛、水稻螟虫等。根据杀虫脒毒性的研究结果，应控制使用。在水稻整个生长期内，只准使用 1 次，每亩用 25％水剂 100 克，距收割期不得少于 40 天；每亩用 25％水剂 200 克，距收割期不得少于 70 天。禁止在其他粮食、油料、蔬菜、果树、药材、茶叶、烟草、甘蔗、甜菜等作物上使用。在防治棉花害虫时，亦应尽量控制使用次数和用量。喷雾时，要避免人身直接接触药液。

（4）禁止用农药毒鱼、虾、青蛙和有益的鸟兽。

◆ 国家推荐的杀虫、杀螨剂品种有哪些？

生物制剂和天然物质有：苏云金杆菌、甜菜夜蛾核多角体病毒、银纹夜蛾多角体病毒、小菜蛾颗粒病毒、棉铃虫核多角体病毒、苦参碱、印楝素、烟碱、鱼藤酮、苦皮藤素、阿维菌素、多杀霉素、白僵菌、除虫菊素等。

合成制剂有：菊酯类包括溴氰菊酯、氯氟氰菊酯、氯氰菊酯、联苯菊酯、氰戊菊酯、甲氰菊酯、氯丙菊酯等；氨基甲酸酯类包括硫双威、丁硫克百威、抗蚜威、异丙威、速灭威等；有机磷类包括辛硫磷、毒死蜱、敌百虫、敌敌畏、马拉硫磷、乙酰甲胺磷、乐果、三唑磷、杀螟硫磷、倍硫磷、丙硫磷、二嗪磷、亚胺硫磷等。

◈ 国家推荐的昆虫生长调节剂包括哪些?

昆虫生长调节剂包括：灭幼脲、氟喹脲、氟铃脲、氟虫脲、除虫脲、噻嗪酮、抑食肼、虫酰肼等；专用杀螨剂包括：哒螨灵、四螨嗪、唑螨酯、三唑锡、炔螨特、噻螨酮、苯丁锡、单甲脒、双甲脒等；其他包括杀虫单、杀虫双、杀螟丹、甲胺基阿维菌素、啶虫脒、吡虫脒、灭蝇胺、氟虫腈、丁醚脲。

◈ 国家推荐的杀菌剂品种有哪些?

无机杀菌剂包括：碱式硫酸铜、王铜、氢氧化铜、氧化亚铜、石硫合剂。

合成杀菌剂包括：代森锌、代森锰锌、福美双、乙磷铝、多菌灵、甲基硫菌灵、噻菌灵、百菌清、三唑酮、烯唑醇、戊唑醇、已唑醇、腈菌唑、乙霉威、硫菌灵、腐霉利、异菌脲、双霉威、烯酰吗啉锰锌、霜脲氰锰锌、邻烯内基苯酚、嘧霉胺、氟吗啉、盐酸吗啉胍、恶霉灵、噻菌铜、咪鲜胺、咪鲜胺锰盐、抑霉唑、氨基寡糖素、甲霜灵锰锌、亚胺唑、春王铜、恶唑烷酮锰锌、脂肪酸铜、腈嘧菌脂。

生物制剂包括：井岗霉素、农抗120、菇类蛋白多糖、春雷霉素、多抗霉素、宁南霉素、木霉素、农用链霉素。

◈ 农药的正确使用方法是什么?

（1）防治农作物病虫害时，应贯彻"预防为主，综合防治"的方针，以农业防治为基础，尽量采用生物、物理、生态防治等有效的非化学防治手段，必须使用化学农药时，要选用高效、低毒、低残留的化学农药，并严格按照有关标准，适时适量用药。

（2）根据季节和作物生长发育阶段，合理使用农药。作物生长前期对农药的选择可以放宽些，而到了生殖生长阶段，一些生殖器官如花、幼果对农药特别敏感，用药不当会造成花果脱落或者畸形。产品收获期用药必须选择毒性低、残效期短的农药，尤其最后一次用药要严格按间隔期使用。

（3）控制用药浓度和用药剂量，注意施药方法。在防治病虫害时，应严格按照使用说明配药和施用，不能任意加大农药使用浓度和用药剂量，以避免农作物产生药害，害虫产生抗药性和人畜中毒。为了提高药效，减轻抗药性，可采用交替施药的方法。

（4）严格遵守农药的安全间隔期。农药安全间隔期，即最后一次施药与作物收获期的间隔天数。严格按照规定药量和浓度施药，遵守安全间隔期后采收，可以使作物中农药的残留量不超过一般规定的容许残留标准，确保蔬菜、瓜果等农产品达到无公害要求。

◆ 具有经营农药资格的单位有哪些？

具有经营农药资格的单位包括：

（1）供销合作社的农业生产资料经营单位，植物保护站，土壤肥料站，农业、林业技术推广机构，森林病虫害防治机构，农药生产企业以及国务院规定的其他单位可以经营农药。

（2）农垦系统的农业生产资料经营单位、农业技术推广单位，按照直供的原则，可以经营农药。

（3）粮食系统的储运贸易公司、仓储公司等专门供应粮库、粮站所需农药的经营单位，可以经营储粮用农药。

（4）日用百货、日用杂品、超级市场或者专门商店可以经营家庭用于防治卫生害虫和衣料害虫的杀虫剂。

◈ 农药在购买、运输和保管过程中应注意哪些问题？

（1）农药由使用单位指定专人凭证购买。买农药时必须注意农药的包装，防止破漏。注意农药的品名、有效成份含量、出厂日期、使用说明等，鉴别不清和质量失效的农药不准使用。

（2）运输农药时，应先检查包装是否完整，发现有渗漏、破裂的，应用规定的材料重新包装后运输，并及时妥善处理被污染的地面、运输工具和包装材料。搬运农药时要轻拿轻放。

（3）农药不得与粮食、蔬菜、瓜果、食品、日用品等混载、混放。

（4）农药应集中在生产队、作业组或专业队设专用库、专用柜和专人保管，不能分户保存。门窗要牢固，通风条件要好，门、柜要加锁。

（5）农药进出仓库应建立登记手续，不准随意存取。

◈ 配制农药、拌种时要注意的事项有哪些？

（1）配药时，配药人员要戴胶皮手套，必须用量具按照规定的剂量称取药液或药粉，不得任意增加用量。严禁用手拌药。

（2）拌种要用工具搅拌，用多少，拌多少，拌过药的种子应尽量用机具播种。如手撒或点种时，必须戴防护手套，以防皮肤吸收中毒。剩余的毒种应销毁，不准用作口粮或饲料。

（3）配药和拌种应选择远离饮用水源、居民点的安全地方，要有专人看管，严防农药、毒种丢失或被人、畜、家禽误食。

◈ 喷药时的注意事项有哪些？

喷药前应仔细检查药械的开关、接头、喷头等处螺丝是否拧紧，药桶有无渗漏，以免漏药污染。喷药过程中如发生堵塞，应先用清水冲洗后再排除故障。绝对禁止用嘴吹吸喷头和滤网。使用手动喷雾器喷药时应隔行喷。手动和机动药械均不能左右两边同时喷。大风和中午高温时应停止喷药。药桶内药液不能装得过满，以免晃出桶外，污染施药人员的身体。

◆ **用药结束后应注意的问题有哪些**？

（1）用药工作结束后，要及时将喷雾器清洗干净，连同剩余药剂一起交回仓库保管，不得带回家去。

（2）清洗药械的污水应选择安全地点妥善处理，不准随地泼洒，防止污染饮用水源和养鱼池塘。

（3）盛过农药的包装物品，不准用于盛粮食、油、酒、水等食品和饲料。装过农药的空箱、瓶、袋等要集中处理。浸种用过的水缸要洗净集中保管。

（4）施用过高毒农药的地方要竖立标志，在一定时间内禁止放牧，割草，挖野菜，以防人、畜中毒。

◆ **如何选择施药人员**？

施药人员由生产队选拔工作认真负责、身体健康的青壮年担任，并应经过一定的技术培训。凡体弱多病者，患皮肤病和农药中毒及其他疾病尚未恢复健康者，哺乳期、孕期、经期的妇女，皮肤损伤未愈者不得喷药或暂停喷药。喷药时不准带小孩到作业地点。

◆ **施药人员应注意哪些个人防护问题**？

（1）施药人员在打药时必须戴防毒口罩，穿长袖上衣、长裤和鞋袜。

（2）在操作时禁止吸烟、喝水、吃东西，不能用手擦嘴、脸、眼睛，绝对不准互相喷射打闹。每日工作后喝水、抽烟、吃东西之前要用肥皂彻底清洗手、脸和漱口，有条件的应洗澡。被农药污染的工作服要及时换洗。

（3）施药人员每天喷药时间一般不得超过6小时。使用背负式机动药械，要2人轮换操作。连续施药3～5天后应停休1天。

（4）操作人员如有头痛、头昏、恶心、呕吐等症状时，应立即离开施药现场，脱去污染的衣服，漱口，擦洗手、脸和皮肤等暴露部位，及时送医院治疗。

◆ **在进行土地经营使用农药时，如何防止农药污染**？

（1）农药使用者应当妥善保管农药，防止误食误用。

（2）农药使用者应当妥善处理剩余农药、施药器械以及盛装农药的容器和包装物，不得在河流、湖泊、水库、鱼塘和饮用水源保护区等区域倾倒剩余农药或者清洗施药器械，不得随意丢弃盛装农药的容器和包装物。

（3）农药使用者应当选择远离饮用水源保护区、居民生活区的安全地点配药，按照产品标签、说明书规定的剂量配药，不得任意增加用药浓度。

（4）农药使用者应当采取避免农药中毒或者污染的预防措施，按照产品标签、说明书规定的防治对象、使用方法、安全间隔期和注意事项施用农药，不得随意扩大使用范围，增加施药频次。禁止使用农药毒杀鱼、虾、鸟、兽等动物。高毒农药不得用于防治卫生害虫，不得用于蔬菜、瓜果、茶叶、中草药材等农作物以及水源涵养林。

（5）农产品生产企业和农民专业合作社应当指定农药管理员，建立农药购进、领用台账登记等安全保管制度。农业经济组织在农作物种植过程中，应当如实记载使用农药的名称、来源、用法、用量和使用、停用的日期。农药使用记录应当保存2年以上。

◆ 农业行政管理部门是如何开展农药管理工作的？

（1）组织开展农药使用防治效果、作物抗药性等方面的调查、评价活动，做好农药品种轮换、替代的相关工作。

（2）农药新品种在本市首次推广使用的，农业、林业技术推广机构应当做好大田试验、示范工作，并适时发布农药新品种在本市区域内适应性的相关信息。

（3）对农药经营单位的农药质量及经营服务质量进行检查，建立农药经营单位诚信档案。

（4）与工商、质量技监、环保等部门之间应当建立农药经营监督管理信息通报制度。

（5）对农药销售人员组织开展农药相关法律规定和专业基础知识的

培训、考核，建立农药销售人员专业技能管理档案。

（6）根据植物病、虫、草、鼠害防治情况和保障农产品质量安全的要求，确定适于本市使用的安全、高效农药的品种目录，并做好组织推广工作。

（7）各地推广使用安全、高效新型农药，对使用农药的农民和农业经济组织实行补贴。年度实行补贴的农药品种目录应当经过专家论证、评审等程序确定并及时公布；供应补贴品种的农药生产企业应当由农业行政管理部门组织进行公开招投标确定。

（8）实行补贴的农药由销售网点分布较广且配备相应销售设施的农药经营单位经营，补贴农药的经营单位名单由市农业行政管理部门根据农药经营单位的经营条件状况确定并公布。

◆ 我国对农药残留监测有什么规定？

各地规模种植场、蔬菜园艺场、设施菜田、农业标准化示范区（场）等农产品生产基地和农民专业合作社对其生产的农作物，应当在采收上市前进行农药残留自检。

各地农业行政管理部门应当按照有关规定，做好农作物采收上市前的农药残留监测工作，将农产品生产基地的农作物农药残留情况纳入重点监测范围，并对农民生产的农作物进行农药残留抽检。农药残留监测结果按照国家有关规定予以公布。

◆ 检测认定农药残留超标时该如何处理？

农药残留超标的农作物不得采收上市。采收上市前的农作物经检测认定农药残留超标的，应当在规定的安全间隔期之后进行复检，待复检合格后方可采收上市，但经检测认定含有违禁农药成分的农作物，应当按照国家规定予以销毁。

根据检测发现的农药残留超标的情况，各地农业行政管理部门应当及时跟踪监查。检测发现农作物含有违禁农药成分的，应当追查违禁农药来源。

◈ **我国法律对农药执法人员有何要求？**

（1）我国各级农业行政主管部门配备一定数量的农药执法人员。

（2）农药执法人员是具有相应的专业学历、并从事农药工作3年以上的技术人员或者管理人员，经有关部门培训考核合格，取得执法证，持证上岗。

（3）农药执法人员对农药生产、经营单位提供的保密技术资料，应当承担保密责任。

◈ **农业行政主管部门是如何对农药生产、经营和使用进行监督的？**

（1）农业行政主管部门按照规定对辖区内的农药生产、经营和使用单位的农药进行定期和不定期监督、检查，必要时按照规定抽取样品和索取有关资料，有关单位和个人不得拒绝和隐瞒。

（2）对假农药、劣质农药需进行销毁处理的，必须严格遵守环境保护法律、法规的有关规定，按照农药废弃物的安全处理规程进行，防止污染环境；对有使用价值的，应当经省级以上农业行政主管部门所属的农药检定机构检验，必要时要经过田间试验，制订使用方法和用量。禁止销售农药残留量超过标准的农副产品。

（3）县级以上农业行政主管部门应当做好农副产品农药残留量的检测工作。

（4）地方各级农业行政主管部门应当及时向上级农业行政主管部门报告发生在本行政区域内的重大农药案件的有关情况。

◈ **我国关于农药广告的规定有哪些？**

（1）农药广告的审查按照《广告法》和《农药广告审查办法》执行。

（2）通过重点媒体发布的农药广告和境外及港、澳、台地区农药产品的广告，由农业部负责审查。其他广告，由广告主所在地省级农业行政主管部门负责审查。

（3）广告审查具体工作由农业部农药检定所和省级农业行政主管部门所属的农药检定机构承担。

（4）农药广告内容必须与农药登记的内容一致，农药广告经过审查批准后方可发布。

我国农药复配制剂通用名称命名的原则是什么？

根据 ZBG23001-86《农药通用名称命名原则和程序》1～2条"农药制剂（单一或混合）通用名称应包括三部分内容，即有效成分的质量百分含量、有效成分通用名称和剂型。混合制剂的通用名称可采用各有效成分通用名的词头或代词组成"的基本原则，农药复配制剂通用名称的命名分三部分：

（1）组成复配制剂各有效成分的总含量〔质量百分含量或克/升（20℃）〕。

（2）复配制剂的通用名称。该名称由各有效成分通用名称的词头（或头几个字）组成，词头（或头几个字）之间，插一圆点以反映是几元复配制剂；各有效成分的排序一般应按其含量高低而定，高者在前，低者在后；也可按对药效的贡献排序，对药效贡献大的，排在前面。

（3）复配制剂的剂型，如粉剂、乳油、可湿性粉剂、水悬浮剂等。如3%甲·六粉剂，40%敌·马乳油，20%克螨·氰菊乳油，50%多·硫悬浮剂等。如复配制剂中加入了增效剂，该增效剂不算作有效成分，所占的比例不进入有效成分总含量。

碳酸氢铵的合理施用方法是什么？

碳酸氢铵：含氮量约17%，施入土壤后，养料成分铵离子可全部被吸收，在土壤中不残留有害物质，是一种生理中性速效性氮肥。但碳酸氢铵有挥发性，不宜浅施，施用深度应在3厘米土层以下，并且施后立即覆土，及时浇水。也不宜在大棚内施用，因大棚内温度一般较高，碳酸氢铵更易分解为氨气而挥发。

氯化铵的合理施用方法是什么？

氯化铵含氮量约25%，吸湿性小，常温下很稳定，是一种生理酸性肥料。施入土壤后，养料成分铵离子可全部被吸收，在土壤中氯离子（Cl⁻）数量可累积，有可能对作物构成毒害。水稻、高粱、谷子、棉花、麻类、甜菜、菠菜等耐氯作物强，可按需施用。大麦、小麦、玉米、大豆、豌豆、

蚕豆、花生、萝卜、番茄、黄瓜等耐氯中等，可按常量施用。甘薯、烤烟、莴苣、白菜、苹果等耐氯作用弱，属忌氯作物，不宜施用氯化铵。

◆ 硫酸铵的合理施用方法是什么？

硫酸铵含氮量约 21%，吸湿性小，常温下很稳定，但不宜长期施用，因为该肥是生理酸性肥料，在酸性土壤中长期施用，会进一步增强土壤的酸性，破坏土壤结构。在碱性土壤中施用，硫酸铵中的铵离子被吸收后，硫酸根离子残留在土壤中与钙发生作用，能使土壤板结变硬。

◆ 硝酸铵的合理施用方法是什么？

硝酸铵含氮量约 34%，肥效大，施入土壤后，铵根离子和硝酸根离子可全部被吸收，对土壤没有不良影响，是一种生理中性速效性氮肥。

硝酸铵能解离出硝酸根离子，在水稻田中易被淋失到土壤深层，产生反硝化作用而损失氮素，因此它不宜施在稻田里，旱地施用硝态氮肥不宜在大雨天或施后浇大水。

此外，绿叶菜也不宜施硝酸铵。如小白菜、大白菜、苋菜、芹菜、菠

菜等，这些菜生长期短，易吸收硝酸态氮。施用硝酸铵，绿叶蔬菜吸收的大都是硝酸盐离子，对菜来说，保存期短，易腐烂。对人来说，如果长期吃这些含硝酸盐高的蔬菜，会引起累积中毒。

◆ 尿素的合理施用方法是什么？

尿素的含氮量在45%左右，是固体氮肥中含氮量最高的肥料，性质比较稳定，吸湿性较小，易溶于水，是一种优质的中性氮肥。尿素养分含量较高，适用于各种土壤和多种作物。尿素施入土壤，只有在转化为碳酸铵后才能被作物大量吸收利用，因此肥效较慢，但比较持久。再者，施用时要深施覆土，施用后也不要立即大水漫灌，以防尿素淋至深层，降低肥效。

◆ 化肥与农家肥配施的要点是什么？

化肥与农家肥合理配施过程中，农家肥见效慢，应早施，一般在播前一次性底施；而化肥用量少，见效快，一般应在作物吸收营养高峰期前7天左右施入。

农家肥要结合深耕施入土壤耕层，或结合起垄扣入垄底，与农家肥搭配的氮素化肥，30%作底肥，70%作追肥，磷肥和钾肥一次性施入。

化肥与农家肥配合使用，其用量可根据作物和土壤肥力不同而有所区别。如在瘠薄地上种玉米，每亩可施农家肥4米^3、尿素24千克、磷肥13千克，或施3个15%的复合肥13千克；中等肥力土壤可施农家肥3米^3、尿素20千克，或施3个15%的复合肥12千克；高肥力土壤施有机肥2.5米^3、尿素15千克。尿素在追肥时使用效果更佳，复合肥以底肥为佳。

◆ 不能混施的化肥有哪些？

（1）磷矿粉、骨粉等难溶性磷肥不能与草木灰、石灰氮、石灰等碱性肥料混用。否则会中和土壤内的有机酸类物质，使难溶性磷肥更难溶解，作物无法吸收利用。

（2）钙镁磷肥等碱性肥料不能与铵态氮肥混施。因为碱性肥料与铵态氨肥如硫酸铵、碳铵、氯化铵等混施，会加快氨的挥发，降低肥效。

（3）人畜粪尿等农家肥不能与钙镁磷肥、草木灰、石灰等碱性肥料混施。因为人畜粪尿中的主要成分是氮，若与强碱性肥料混用，则会中和而失效。

（4）氨水不能与人粪尿、草木灰、钾肥、磷酸铵、氯化钾、尿素、碳铵等混施。碳铵不能与草木灰、人粪尿、钾肥、氮肥混施。硝酸铵不能与草木灰、氨水等混施。

◈ 夏季最佳喷农药时间是何时？

一般来讲，每天上午 10 点以前、下午 4 点以后为最佳时间。因为上午 10 点前后露水基本干了，而气温还不太高，又是日出性害虫取食活动最猖獗之时，因此这时喷药一不会因为露水冲淡药液浓度，二不会因气温过高致药品分解挥发而降低药效。下午 4 点以后，太阳偏西，光强相对减弱，夜出性害虫即将开始活动，这时喷药正好在其为害之前，也有较高的杀虫率。

◈ 中午不宜喷药的原因是什么？

中午喷药则效果不佳，原因有三点：①气温高易造成农药分解、挥发，虫嗅到药味逃之夭夭，且长期作业人易造成中毒；②太阳光照强，大多害虫躲在叶片的背光面，甚至停止活动，药物喷后杀虫率低得多；③光照强度大也会造成药品分解降低药效。

◈ 我国对违法经营农药的有何处罚？

对未取得农药临时登记证而擅自分装农药的，由农业行政主管部门责令停止分装生产，没收违法所得，并处违法所得 1 倍以上 5 倍以下的罚款；没有违法所得的，并处 5 万元以下的罚款。

对经营未注明"过期农药"字样的超过产品质量保质期的农药产品的，由农业行政主管部门给予警告，没收违法所得，可以并处违法所得 3 倍以下的罚款；没有违法所得的，并处 3 万元以下的罚款。

◆ 对生产、经营假农药、劣质农药的应给予怎样的处罚？

对生产、经营假农药、劣质农药的由农业行政主管部门或者法律、行政法规规定的其他有关部门，按以下规定给予处罚：

（1）生产、经营假农药的，劣质农药有效成分总含量低于产品质量标准30%（含30%）或者混有导致药害等有害成分的，没收假农药、劣质农药和违法所得，并处违法所得5倍以上10倍以下的罚款；没有违法所得的，并处10万元以下的罚款。

（2）生产、经营劣质农药有效成分总含量低于产品质量标准70%（含70%）但高于30%的，或者产品标准中乳液稳定性、悬浮率等重要辅助指标严重不合格的，没收劣质农药和违法所得，并处违法所得3倍以上5倍以下的罚款；没有违法所得的，并处5万元以下的罚款。

（3）生产、经营劣质农药有效成分总含量高于产品质量标准70%的，或者按产品标准要求有1项重要辅助指标或者2项以上一般辅助指标不合格的，没收劣质农药和违法所得，并处违法所得1倍以上3倍以下的罚款；没有违法所得的，并处3万元以下罚款。

（4）生产、经营的农药产品净重（容）量低于标明值，且超过允许负偏差的，没收不合格产品和违法所得，并处违法所得1倍以上5倍以下的罚款；没有违法所得的，并处5万元以下罚款。

生产、经营假农药、劣质农药的单位，在农业行政主管部门或者法律、行政法规规定的其他有关部门的监督下，负责处理被没收的假农药、劣质农药，拖延处理造成的经济损失由生产、经营假农药和劣质农药的单位承担。

◆ 种子生产许可证应由哪些部门核发？

根据《中华人民共和国种子法》规定，我国主要农作物和主要林木的商品种子生产实行许可制度。主要农作物杂交种子及其亲本种子、常规种原种种子、主要林木良种的种子生产许可证，由生产所在地县级人民政府农业、林业行政主管部门审核，省、自治区、直辖市人民政府农业、林业行政主管部门核发；其他种子的生产许可证，由生产所在地县级以上地方人民政府农业、林业行政主管部门核发。

◆ 申请领取种子生产许可证的单位和个人，应当具备哪些条件？

（1）具有繁殖种子的隔离和培育条件。

（2）具有无检疫性病虫害的种子生产地点或者县级以上人民政府林业行政主管部门确定的采种林；具有与种子生产相适应的资金和生产、检验设施。

（3）具有相应的专业种子生产和检验技术人员；法律、法规规定的其他条件。

（4）申请领取具有植物新品种权的种子生产许可证的，应当征得品种权人的书面同意。

◆ 我国法律对种子生产许可证的规定有哪些？

（1）种子生产许可证应当注明生产种子的品种、地点和有效期限等项目。

（2）禁止伪造、变造、买卖、租借种子生产许可证。

◆ 我国法律对种子生产有何规定？

（1）禁止任何单位和个人无证或者未按照许可证的规定生产种子。

（2）在林木种子生产基地内采集种子的，由种子生产基地的经营者组织进行，采集种子应当按照国家有关标准进行。

（3）禁止抢采掠青、损坏母树，禁止在劣质林内、劣质母树上采集种子。

（4）商品种子生产应当执行种子生产技术规程和种子检验、检疫规程。

（5）商品种子生产者应当建立种子生产档案，载明生产地点、生产地块环境、前茬作物、亲本种子来源和质量、技术负责人、田间检验记录、产地气象记录、种子流向等内容。

◆ **国家是如何保护种子使用者的权益的?**

种子使用者有权按照自己的意愿购买种子,任何单位和个人不得非法干预。

种子使用者因种子质量问题遭受损失的,出售种子的经营者应当予以赔偿,赔偿额包括购种价款、有关费用和可得利益损失。经营者赔偿后,属于种子生产者或者其他经营者责任的,经营者有权向生产者或者其他经营者追偿。

因使用种子发生民事纠纷的,当事人可以通过协商或者调解解决。当事人不愿通过协商、调解解决或者协商、调解不成的,可以根据当事人之间的协议向仲裁机构申请仲裁。当事人也可以直接向人民法院起诉。

◆ **消除种子病菌的方法有哪些?**

(1)对于白菜等的软腐病播前用3%高锰酸钾浸种。先将种子在冷水中浸1小时后取出,放入药液中浸30分钟,用清水冲净,催芽播种或用丰灵每亩50克拌种。

(2)针对黄瓜炭疽病、角斑病可用50℃水泡种子15～20分钟进行防治。

(3)防治萝卜黑腐病可用50℃水泡种子15～20分钟,防治茄子黄萎病则应处理30分钟。

(4)防治番茄早疫病、斑枯病、大葱霜霉病,可以用52℃水泡种子30分钟。

(5)防治瓜类炭疽病、茄子褐纹病、黄萎病、炭疽病,黄瓜疫病、枯萎病、黑星病、蔓枯病,用40%福尔马林100倍稀释液浸种30分钟,浸种后用清水洗去种子上的药液,催芽播种或晾干备用。

(7)防治菜豆炭疽病,可以用40%福尔马林200倍稀释液处理种子10分钟,而后洗净播种。

(8)以48～49℃的水处理种子30分钟,可防治芹菜斑枯病、甘蓝黑茎病。

（9）防治番茄病毒病，可在播种前用清水浸种 3 ~ 4 小时，再放入 10% 磷酸三钠溶液中浸 30 ~ 50 分钟，捞出后用清水冲净再催芽播种，或用 0.1% 高锰酸钾溶液浸种 30 ~ 60 分钟。

（10）以 1000 倍的高锰酸钾稀释液浸种 2 ~ 3 个小时，然后冲洗 2 ~ 3 遍后播种，能防西瓜的多种病害，而且能增产。

（11）防治马铃薯早疫病、晚疫病、疮痂病、青枯病、茎基腐病、粉痂病、豌豆炭疽病、甘蓝根朽病，用 40% 福尔马林 200 倍稀释液，浸种 30 分钟，浸种后用清水洗净，晾干后播种。

◈ 种子在播种前应进行哪些处理?

为了保证种子能够良好生长，播种前常需对种子进行晒种、药剂浸种和拌种、包衣等处理。

（1）晒种。播前翻晒 1 ~ 3 天，可以增进种子酶的活性，提高胚的生活力，增强种子的透性，并使种子干燥一致，浸种吸水均匀，有提高发芽率和发芽势的作用。同时由于太阳光谱中的短波光和紫外线具有杀菌能力，故晒种也能起到一定杀菌作用。晒种需勤翻种子，一日几次，使全部种子均匀受热。有时为了提高晒种的灭菌效果，可将种子放在冷水中预先浸泡几小时，然后捞起沥干暴晒。

（2）药剂浸种。多种杀菌剂可用于种子消毒，如用 40% 的甲基异柳磷乳油按照一定比例稀释后浸种，可起到防治小麦、玉米等苗期地下害虫的危害。但有机磷农药对人畜有毒，且残毒时间长，使用时应注意安全。

（3）拌种。拌种的杀菌剂较多,常用多菌灵、托布津、敌克松、福美双等。使用剂量因剂型和作物种类而异。如用 50% 多菌灵可湿性粉剂拌种，小麦按种子重量的 0.2% 拌种，可防治小麦腥黑穗病；高粱或粟按种子重量的 0.8% ~ 1% 拌种，可防治高粱丝黑穗病、散黑穗病，或粟白发病、粟黑穗病。

（4）种子包衣。种子包衣是采用机械和人工的方法，按一定的种、药比例，把种衣剂包在种子表面并迅速固化成一层药膜。包衣后能够达到苗期防病、治虫，促进作物生长，提高产量以及节约用种，减少苗期施药等效果。包衣种子必须是经过精选加工的高质量种子。

◆ **种子播种过深或过浅都有哪些危害?**

在适当的播种深度下，种子才能更好地吸水膨胀，对种子发芽及幼苗出土有利。若播种过深，种子发芽慢，出苗晚，幼苗细弱，甚至无力出土，造成烂种，同时又易遭受病虫及不良环境条件的危害。播种过浅，尤其在干旱条件下，会使种子落干，种子吸收不到土壤水分，造成幼芽死亡。因此，播种过深、过浅都不利，必须依种子发芽"三要素"的条件，决定适当的深度。

◆ **作物一般播种深度是多少?**

作物一般播种深度见表1。

表1　主要作物一般播种深度

作物	播种深度（厘米）	作物	播种深度（厘米）
水稻（旱直播）	2～3	棉花	3～4
马铃薯	8～10	大麻	4～6
春小麦	4～5	大豆	4～5
玉米	4～6	胡麻	3～5
高粱	3～4	油菜	2～3
糜黍、谷子	2～3	甜菜	3～5

（1）大粒种含养分多，可深播些；小粒种含养分少，可浅播些。

（2）单子叶作物一般顶土能力较强，播种可稍深些；双子叶作物一般顶土能力较弱，播种可稍浅些。

（3）含蛋白质多的种子，如大豆发芽时需要水分较多，并且需要大量的氧气，为满足大豆发芽所需要的氧气，适当浅播。

（4）有些顶土力弱的杂交高粱、甜玉米要浅播；顶土能力强的可深播。

（5）土壤质地方面，如砂土疏松，含水少，通气好，播种可深些；粘土紧实，含水多，通气差，播种可浅些。

（6）土壤含水量方面，如干旱土壤，为使种子接触深层湿土，可增加播种深度；土壤湿润，可浅播些。

此外，还应考虑地区方面的差异等多种因素。

◆ 种子包衣技术是什么？

种子包衣技术是将种子与特制的种衣剂按一定"药种比"充分搅拌混合，使每粒种子表面均匀地涂上一层药膜（不增加体积），形成包膜种子。种衣剂是由杀虫剂、杀菌剂、微肥、激素及色素等多种成分组成。它的做法是将农药、微肥、激素、黏合剂通过特定的加工工艺溶为一体，涂在种子表面形成一层薄膜，具有一定牢固性，同时又可通气透水。

◆ 种子包衣技术有哪些优点？

（1）包衣种子都经过精选加工，其净质、发芽率高，有利于实行精量、半精量播种。

（2）包衣种子中含有杀虫剂、杀菌剂、微量元素、植物生长调节剂，能综合防治苗期虫害并能补充营养；可促使种子生根发芽，刺激作物生长，达到苗全、苗壮的目的。

（3）选用包衣种子，可以节省用种，减少投入，省工省时。同时，药剂是包着种子"隐蔽"地施于地下，可以净化环境，减少人畜中毒的机会。

（4）能显著提高产量，增加效益。据农业部对全国的调查表明：一般使用包衣种子比普通种子可使玉米、小麦增产 10% ~ 12%，有明显的促进作物前期生长和早熟的作用。

◆ 人工为种子包衣的简易方法有哪些？

人工包衣方法有三种：

（1）塑料袋包衣法。把备用的两个大小相同的塑料袋套在一起，取一定数量的种子和相应数量的种衣剂装在里层的塑料袋内，扎好袋口，然后用双手快速揉搓，直到拌匀为止，倒出即可备用。

（2）大瓶或小铁桶包衣法。准备有盖的大玻璃瓶或小铁桶，如可装 2 千克的大瓶或小铁桶，应装入1千克种子和相应量的种衣剂，立即快速摇动，拌匀为止，倒出即可备用。

（3）圆底大锅包衣法。先将大锅固定，清洗晒干，然后称取一定数量种子倒入锅内，再把相应数量的种衣剂倒在种子上，用铁铲或木棒快速翻动拌匀，使种衣剂在种子表面均匀迅速地固化成膜后取出，装入聚丙烯编织袋内，妥善保存备用。

◆ 在保管和使用包衣种子时应要注意什么？

包衣种子有剧毒，外面有红色警戒色，不能再食用或做工业、副食品原料。

包衣种子要存放在干燥、阴凉、通风处，严防小孩和家畜家禽触摸或误食。

播种时不得饮食、抽烟、徒手擦脸，播种后要立即用肥皂水洗净手脸。

装包衣种子的包装袋应选用聚丙烯编织袋，最好不用麻袋，以免麻袋纤维飞扬，吸入中毒。

包装袋用后应烧掉深埋，严防误装粮食和食品。

盛装包衣种子的用具，经彻底洗净后方可使用。洗刷盆子和篮子的水严禁倒入河流池塘，可倒在田间或树根周围。

不宜浸种催芽。因为种衣剂溶于水后，不但会使种衣剂失效，而且溶于水后的种衣剂还会对种子的萌发产生抑制作用。

种衣剂遇碱会分解失效，所以在 pH 值大于 8 的田块上，不宜使用包衣种子。

包衣种子在高湿的条件下，极易发生腐烂，不宜在低洼及涝地使用。

◈ 如何鉴定葱子、韭菜子的优劣？

对于葱子、韭菜子，必须用当年的新种子，隔年的种子出苗率大大降低。鉴别新旧种子的方法是：新种子表面有皱褶，阴暗面鲜明，有光泽，种脐上有一个明显的小白点。储存 1 年以上的种子，表面失去光泽，出现一层白霜，种脐由白变黄，这样的种子发芽率、生长势低，不宜使用。

◈ 如何鉴定西红柿子的优劣？

西红柿子一般可保存 3～4 年，不超过 4 年，否则会降低发芽率。鉴别新旧种子的方法是：新子上有很多小茸毛，且有番茄味，旧子上茸毛少或脱落，气味也变淡。

◈ 如何鉴定辣椒子的优劣？

辣椒子不能超过 3 年。新种子辣味浓，种子颜色为金黄色。新种子发芽率在 90% 左右，存放 2 年发芽率在 80% 左右，3 年发芽率会降到 50% 以下。

◈ 芹菜子的存放期限是多长？

芹菜子可存放 5 年，当年结的新子不能用，必须存 1 年后才能用。

◈ 如何鉴定香菜子的优劣？

香菜子必须存放 1 年后才能用，但存放时间不宜超过 3 年。新香菜子气味浓，陈旧子气味变淡。

◈ 如何鉴定茄子子的优劣？

茄子子存放时间可稍长，一般 5 年内种子都可以用。新种子外皮有光亮，乳黄色，而陈种子表面为暗红色，无光亮。

◈ 如何鉴定白菜子、萝卜子、甘蓝子的优劣？

白菜、萝卜、甘蓝子一般储存寿命为 3～4 年，4 年以上发芽率明显降低。新种子表面光滑，陈种子表面发暗，用指甲将种子压破后，新种子成饼不碎，陈种子则易碎，种皮易脱落。

◈ 如何鉴定黄瓜子的优劣？

黄瓜子一般能存 3～4 年。新鲜黄瓜种子表面为白色或乳白色，表面光滑，种子尖端的毛刺较尖，而陈种子表面出现黄斑，失去光泽，种子尖端的毛刺也变钝。

◈ 选购农机产品配件时应注意哪些问题？

（1）看有无产品合格证。合格产品均有国家质量技术监督部门鉴定合格后准予生产出厂的检验合格证、说明书以及安装注意事项。若无产品合格证，多为假冒伪劣产品。

（2）看规格型号。在选购配件时，要观察规格型号是否符合使用要求。有些从外观看相差无几，但稍不注意买回去就不能用。

（3）看有无装配记号。合格产品装配标记都非常清楚、明显。如齿轮装配记号、活塞顶部标记等应完好清晰。没有标记和标记不清的绝对不能选用。

（4）看有无锈蚀。有些零配件由于保管不善或存放时间过长，会出现锈蚀、氧化、变色、变形、老化等现象，有以上情况的不能购买。

（5）看有无扭曲变形。如轮胎、三角皮带、轴类、杆件等存放的方法不妥当，就容易变形，几何尺寸达不到使用规定要求的，就无法正常使用。

（6）看有无裂纹。伪劣产品从外观上查看，光洁度较低，而且有明显的裂纹、砂孔、夹渣、毛刺等缺陷，容易引起漏油、漏水、漏气等故障。

（7）看有无松动、卡滞。合格产品，部件转动灵活，间隙大小符合标准。伪劣产品不是太松，就是转动不灵活。

（8）看表面颜色。厂家原装产品，表面着色处理都较为固定，均为规定颜色。

（9）看外表包装。合格产品的包装讲究质量，产品都在明显位置上标有产品名称、规格、型号、数量和厂名。部分配件采用纸质好的纸箱包装，并套在塑料袋内。

（10）看商标和重量。购买农机产品和配件时，一定要选择国优、部优名牌产品，选购配件时，先用手掂量掂量，伪劣配件大都偷工减料，重量轻、体积小。

◆ **农机作业中应避免的错误操作有哪些？**

（1）用活动扳手拧紧缸盖螺丝。这样做容易旋坏螺帽，并使螺丝旋紧扭力不均匀，容易造成缸盖平面变形，要用专用套筒和扭力扳手从中间到边缘对角线分次均匀拧紧。

（2）用绸布罩空气滤清器。有的机手在空气滤清器上罩一层绸布，自认为这样可增强拖拉机的滤清效果，使空气更清洁。其实绸布会阻碍空气顺利进入气缸，使气缸供气不足，燃烧不完全，导致拖拉机冒黑烟和功率下降。

（3）用棉纱擦机件。柴油机大修时，有的机手会用棉纱和柴油反复擦洗零件及曲轴室内部，这样油污虽然去掉了，但使用时间不长就烧了瓦。这是因为油底壳内机油集滤器上附着了一层棉纱纤维，会阻碍机油进入油道，而造成烧瓦，所以清洗零件应该用毛刷。

◆ **如何正确使用小麦播种机？**

播种机与拖拉机挂接后，不得倾斜，工作时应使机架前后呈水平状态。正式播种前，先在地头试播 10 ~ 20 米，观察播种机的工作情况，达到农艺要求后再正式播种。要先横播地头，以免将地头轧硬，造成播深太浅。播种时经常观察排种器、开沟器、覆盖器以及传动机构的工作情况，如发生堵塞、粘土、缠草、种子覆盖不严等的情况，及时予以排除。播种机工作时，严禁倒退或急转弯，播种机的提升或降落应缓慢进行，以免损坏机件。作业时种子箱内的种子不得少于种子箱容积的1/5；运输或转移地块时，种子箱内不得装有种子，更不能压装其它重物。调整、修理、润滑或清理缠草等工作，必须在停车后进行。

◈ 农用拖拉机报废具备的条件有哪些?

（1）大型链轨式拖拉机使用年限超过12年(包括累计作业1.5万小时)，经过检查调整或更换易损件后，技术状态在标定工况下，燃油消耗率上升幅度仍大于出厂标定值20%的或大型和中型拖拉机发动机有效功率或动力输出轴功率降低值大于出厂标定值15%的。

（2）大型和中型轮式拖拉机使用年限超过15年（或累计作业1.8万小时），经过检查调整或更换易损件后，技术状态与上面所说相同的。

（3）小型拖拉机使用年限超过10年（或累计作业1.2万小时），经过检查调整或更换易损件后，技术状态仍属在标定工况下，燃油消耗率上升幅度大于出厂标定值20%的或小型拖拉机发动机有效功率降低值大于出厂标定值15%的。

（4）由于各种原因造成严重损坏，无法修复的。

（5）预计大修费用大于同类新车价格50%的。

（6）未达报废年限，但技术状况差且无配件来源的。

（7）国家明令淘汰的。

◈ 操作微耕机前应注意哪些问题?

（1）在操作使用前，首先必须熟读说明书，严格按说明书的要求进行磨合保养，其次必须经过操作培训方能作业。

（2）在作业前检查机器各联接紧固件是否紧固，切记一定要将螺栓拧紧（包括行走箱部分、压箱部分、发动机支撑联接部分、发动机消声器、空滤器等）。

（3）将机头、机身置于水平位置，检查是否加足机油、齿轮油，不能多加，也不能少加；检查有无漏油（机油、柴油、齿轮油）现象，方能使用。同时切记燃油箱不能加汽油，必须加0#柴油。

（4）使用前应在空滤器底部加1厘米³机油，同时注意酒后不准操作微耕机，新机不准大负荷作业，田间转移应换轮胎，特别是坡上作业应防止微耕机倾倒伤人。

◈ 微耕机在使用中要注意哪些问题？

（1）启动时，一定要确认前后左右无人，安全后方能启动，以免伤人。

（2）冬季发动机不好启动时，烧壶开水淋油咀或向燃烧室注 0.5 ～ 1 厘米 ^{3} 机油，即可正常启动。

（3）作业过程中，中间换人，与人交谈，清除杂草缠绕刀架时，不要在挂档的情况下抓紧离合器，一定要确认在空档上机器不前进时或熄火时进行。

（4）微耕机在装上刀架时不要在水泥路、石板地上行走，在作业时应尽量避免与大石块等硬物碰撞，以免损伤刀片。发现发动机或行走箱、压箱有异常响声后要停机检查，排除故障后才能工作。

（5）操作者在作业中如果背对坎边小于 1 米时，禁止使用倒档。

（6）新发动机在正常工作作业20亩地后，必须热机更换机油和齿轮油，否则冷机不能排尽机体内的残余机油；80 ～ 100 亩后更换第二次；连续作业 3 ～ 5 天后必须清洗空滤芯器；400 ～ 700 亩以后进行油泵、油咀压力核对、气门间隙的检查调整，必要时更换活塞环、气门和连杆瓦。

◈ 如何安全使用铡草机？

铡草机应放置或固定在坚实、水平的地基上，运转时要稳，不能有大的震动。

开机前要先对机器各部件做全面检查。用手扳动铡草机价格刀轴，看转动是否灵活，刀盘有无裂纹，紧固件是否松动，发现故障隐患应及时排除。作业前先让铡草机价格空转一会儿，观察运转是否平稳，是否有异常响声，确认运转正常后再投入作业。

喂料应均匀，若喂入过多导致刀轴转速降低时，应停机清理。加工饲料前，应清除料中的杂物，严防铁件、石块等硬物随料喂入。

作业中若发生堵草现象，应立即分离离合器并停机，排除故障。机器运转时严禁打开防护罩。

作业结束前先停止进料，待机器内物料全部排出后再分离离合器并切断电源，将机器内杂物清理干净。

◆ **割晒机在使用前应注意哪些问题？**

（1）按说明书要求安装机组，将进气管加高35厘米。

（2）向各润滑点加润滑油，并进行试运转，先低速运转几分钟，再换成中速运转。

（3）试运转结束后，停车检查轴承有无过热现象；动、定刀片、压刀器和摩擦片的间隙是否合适；对中调整是否正确，各铆钉、螺栓有无松动等。

（4）然后再对割晒机全面润滑1次。

（5）平整道路，填平田间横沟，铲平横埂，要割出转弯地头，地边割出1米铺放地带。机组作业前，先空转几分钟，确认各部工作正常后，方可起步进行作业。

◆ **割晒机在使用中应注意哪些问题？**

（1）起步应平稳，严禁猛轰油门。

（2）根据作物生产情况和收割时间选择适当的作业速度。一般来说，作物产量高，含水率高，应选用低速档；作物产量低，含水率较低时，应选用高速档。

（3）作业过程中，不得用改变油门大小或使用离合器控制车速，以免发生堵塞，损坏机件。如需要调整作业速度时，应通过换档位来实现。如发现有堵塞现象，应切断动力，排除故障后再作业。

（4）如不能满幅作业时，应使作物靠输出侧进行收割。

（5）需要调整前进方向时，应缓慢转向，以免割台摆头，扶禾器拨倒作物。

（6）收割过程中，如需倒车时，必须升起割台；机组转弯时，应切断动力，升起割台后减速行驶，转弯后降下割台，结合动力，待机组运转正常后，再进行收割；机组需转移地块时，应将割台升至最高位置，用联锁装置锁牢，中速或低速行驶，切忌碰撞。

（7）每天作业结束后，应将割台落到事前准备好的垫砖或木块上，然后再停车，不能悬挂放置。

◈ 怎样选择收割路线？

（1）作物生长正常，可采用绕圈、双向铺放的收割方法。

（2）作物倒伏，可逆倒伏方向切割或与倒伏作物呈45°角方向切割。

（3）有风时应逆风向收割或垂直于风向切割，顺风铺放。

◈ 如何对农机具进行正确保养？

（1）要对闲置的农机具机体进行一次全面清洗和体检，去除脏物，并涂上机油防止生锈。

（2）农机应尽量避免露天放置。尤其是一些大型的农机如收割机、拖拉机等，以免日晒雨淋，存放在通风、干燥的库房内。

（3）科学应用农机。①对于内燃机械应定期放出燃油箱中的水，严格防止水混入柴油中，以免柴油发生冻结，损坏机体；②要防止橡胶件老化，农机具的橡胶件如受潮或沾上油，便容易老化产生裂纹，缩短使用寿命。因此，拖拉机、耕整机、抽水机上的三角皮带或平胶带，应该拆下，挂在墙壁上或者放在干燥通风的地方。

◈ 我国法律对农机具安全检验有何规定？

县级以上地方人民政府农业机械化主管部门应当定期对危及人身财产安全的农业机械进行免费实地安全检验。但是道路交通安全法对拖拉机的安全检验另有规定的，应从其规定。拖拉机、联合收割机的安全检验为每年1次。实施安全技术检验的机构应当对检验结果承担法律责任。

◈ 未按规定使用拖拉机、联合收割机的法律责任有哪些？

（1）未按照规定办理登记手续并取得相应的证书和牌照，擅自将拖拉机、联合收割机投入使用，或者未按照规定办理变更登记手续的，由县级以上地方人民政府农业机械化主管部门责令限期补办相关手续；逾期不补办的，责令停止使用；拒不停止使用的，扣押拖拉机、联合收割机，并处200元以上2000元以下罚款。

（2）伪造、变造或者使用伪造、变造的拖拉机、联合收割机证书和牌照的，或者使用其他拖拉机、联合收割机的证书和牌照的，由县级以上地方人民政府农业机械化主管部门收缴伪造、变造或者使用的证书和牌照，对违法行为人予以批评教育，并处200元以上2000元以下罚款。

（3）未取得拖拉机、联合收割机操作证件而操作拖拉机、联合收割机的，由县级以上地方人民政府农业机械化主管部门责令改正，处100元以上500元以下罚款。

新农村太漂亮了！

（4）拖拉机、联合收割机操作人员操作与本人操作证件规定不相符的拖拉机、联合收割机，或者操作未按照规定登记、检验或者检验不合格、安全设施不全、机件失效的拖拉机、联合收割机，或者使用国家管制的精神药品、麻醉品后操作拖拉机、联合收割机，或者患有妨碍安全操作的疾病操作拖拉机、联合收割机的，由县级以上地方人民政府农业机械化主管部门对违法行为人予以批评教育，责令改正；拒不改正的，处100元以上500元以下罚款；情节严重的，吊销有关人员的操作证件。

（5）使用拖拉机、联合收割机违反规定载人的，由县级以上地方人民政府农业机械化主管部门对违法行为人予以批评教育，责令改正；拒不改正的，扣押拖拉机、联合收割机的证书、牌照；情节严重的，吊销有关人员的操作证件。

（6）非法从事经营性道路旅客运输的，由交通主管部门依照道路运输管理法律、行政法规处罚。当事人改正违法行为的，应及时退还扣押的拖拉机、联合收割机的证书、牌照。

六、土地经营产品

◆ 我国农产品是如何分类的？

《全国农业标准2003～2005年发展计划》依据农产品质量特点和对生产过程控制要求的不同，将农产品分为一般农产品、认证农产品和标识管理农产品。

一般农产品是指为了符合市场准入制，满足百姓消费安全卫生需要，必须符合最基本的质量要求的农产品。

认证农产品包括无公害农产品、绿色农产品和有机农产品。对于我国市场上目前存在的无公害农产品、绿色农产品和有机农产品，政府应积极推动无公害农产品的生产，同时依据各地的自然环境条件，引导企业有条件地开展绿色农产品和有机农产品的生产，使我国农产品质量安全上一个台阶。

标识管理农产品是一种政府强制性行为。对某些特殊的农产品或有特殊要求的农产品，政府应加以强制性标识管理，以明示方式告知消费者，使消费者的知情权得到保护，如转基因农产品。

◆ 什么是"一村一品"？

"一村一品"，是指根据一定区域的资源禀赋和特点，以市场为导向，变资源优势为产业和品牌优势，使其逐步成为具有区域特色的产业链或产业集群，使优势不明显的村加快培育出主导产业，使拥有主导产业的村将产业规模做得更大、产业链条拉得更长、发展得更具特色。也就是说，各地应认清自身的优势，并发挥自己的比较优势，明确自己的产业定位，把"优势"变为"特色"，变成品牌，即把比较优势转变为产业优势，把产业优势转变为经济优势。

"一村一品"是一个形象说法，它并非要求一个村只限于生产一个产品，一村不能共存"几品"，几村不能共存"一品"。所谓的"村"也应该是一个区域概念，可以是一个村，也可以是一个乡镇。"一村一品"强调的应该是一个村至少要开发一种具有本地特色、打上本地烙印的产品，并围绕主导产品的开发生产，形成特色突出的主导产业。

◆ 土地经营者应如何进行产品质量管理？

（1）土地经营者应当按照法律、行政法规和国务院农业行政主管部门的规定，合理使用农业投入品，严格执行农业投入品使用安全间隔期或者休药期的规定，防止危及农产品质量安全。

（2）禁止在农产品生产过程中使用国家明令禁止使用的农业投入品。农产品生产企业和农民专业合作经济组织，应当自行或者委托检测机构对农产品质量安全状况进行检测；经检测不符合农产品质量安全标准的农产品，不得销售。

（3）农民专业合作经济组织和农产品行业协会对其成员应当及时提供生产技术服务，建立农产品质量安全管理制度，健全农产品质量安全控制体系，加强自律管理。

◆ 哪些情况下土地经营产品不得销售？

（1）含有国家禁止使用的农药、兽药或者其他化学物质的。

（2）农药、兽药等化学物质残留或者含有的重金属等有毒有害物质不符合农产品质量安全标准的。

（3）含有的致病性寄生虫、微生物或者生物毒素不符合农产品质量安全标准的。

（4）使用的保鲜剂、防腐剂、添加剂等材料不符合国家有关强制性的技术规范的。

（5）其他不符合农产品质量安全标准的。

◆ **我国对经营中投入品等物质的规定是什么？**

食用农产品的生产、储运、销售必须依照有关法律法规和农业部的规定使用农药、兽药、添加剂（含饲料添加剂）、保鲜剂、防腐剂等。禁止使用农业部已公布禁用的农药、兽药、添加剂（含饲料添加剂）、保鲜剂、防腐剂等物质，以及对人体具有直接或潜在危害的其他物质。

◆ **国家对农产品生产记录有哪些规定？**

（1）国家鼓励其他农产品生产者建立农产品生产记录。

（2）禁止伪造农产品生产记录。

（3）农产品生产企业和农民专业合作经济组织应当建立农产品生产记录，如实记载下列事项：①使用农业投入品的名称、来源、用法、用量和使用、停用的日期；②动物疫病、植物病虫草害的发生和防治情况；③收获、屠宰或者捕捞的日期。

（4）农产品生产记录应当保存2年。

◆ **国家对农产品的包装及标识有何规定？**

（1）农产品生产企业、农民专业合作经济组织以及从事农产品收购的单位或者个人销售的农产品，按照规定应当包装或者附加标识的，须经包装或者附加标识后方可销售。

（2）包装物或者标识上应当按照规定标明产品的品名、产地、生产者、生产日期、保质期、产品质量等级等内容；使用添加剂的，还应当按照规定标明添加剂的名称。

（3）属于农业转基因生物的农产品，应当按照农业转基因生物安全管理的有关规定进行标识。

◆ 目前我国的农产品生产趋势是什么？

随着人们对健康及产品质量关注的不断提高，土地经营产品也向健康、绿色方面发展。我国农业部在 2005 年就发布《关于发展无公害农产品绿色食品有机农产品的意见》，倡导大力发展无公害农产品、绿色食品和有机农产品，全面提高农产品质量水平，切实保障农产品消费安全，大力增强农产品市场竞争力，促进农业增效和农民增收。

◆ 什么是无公害农产品？

无公害农产品是指产地环境符合无公害农产品的生态环境质量，生产过程必须符合规定的农产品质量标准和规范，有毒有害物质残留量控制在安全质量允许范围内，安全质量指标符合《无公害农产品（食品）标准》的农、牧、渔产品（食用类，不包括深加工的食品）经专门机构认定，许可使用无公害农产品标识的产品。

广义的无公害农产品包括有机农产品、自然食品、生态食品、绿色食品、无污染食品等。这类产品生产过程中允许限量、限品种、限时间地使用人工合成的安全的化学农药、兽药、肥料、饲料添加剂等，它符合国家食品卫生标准，但比绿色食品标准要宽。

◆ 无公害农产品认证是怎样的？

无公害农产品认证是为保障农产品生产和消费安全而实施的政府质量安全担保制度，属于政府行为，公益性事业，不收取任何费用。

无公害农产品认证采取产地认定与产品认证相结合的方式。产地认定主要解决产地环境和生产过程中的质量安全控制问题，是产品认证的前提和基础；产品认证主要解决产品安全和市场准入问题。

无公害农产品产地认定与产品认证审批事项是对申报种植业、畜牧业无公害农产品产地认定与产品认证项目进行审核，审核其产地环境、生产过程、产品质量是否符合农业部无公害农产品相关标准和规范的要求。

◆ 无公害农产品认证环节有哪些？

（1）各省农业行政主管部门组织完成无公害农产品产地认定（包括产地环境监测），并颁发《无公害农产品产地认定证书》。

（2）省级承办机构接收《无公害农产品认证申请书》及附报材料后，审查材料是否齐全、完整，核实材料内容是否真实、准确，生产过程是否有禁用农业投入品使用不规范的行为。

（3）无公害农产品定点检测机构进行抽样、检测；农业部农产品质量安全中心所属专业认证分中心对省级承办机构提交的初审情况和相关申请材料进行复查，对生产过程控制措施的可行性、生产记录档案和产品（检测报告）的符合性进行审查。

（4）农业部农产品质量安全中心根据专业认证分中心审查情况，组织召开"认证评审专家会"进行最终评审。

（5）农业部农产品质量安全中心颁发认证证书、核发认证标志，并报农业部和国家认监委联合公告。

◆ 无公害农产品产地条件有哪些？

（1）产地环境符合无公害农产品产地环境的标准要求。

（2）区域范围明确。

（3）具备一定的生产规模。

◆ 无公害农产品的生产管理应当符合的条件有哪些？

（1）生产过程符合无公害农产品生产技术的标准要求。

（2）有相应的专业技术和管理人员。

（3）有完善的质量控制措施，并有完整的生产和销售记录档案。

从事无公害农产品生产的单位或者个人，应当严格按规定使用农业投入品。禁止使用国家禁用、淘汰的农业投入品。无公害农产品产地应当竖立标示牌，标明范围、产品品种、责任人。

◈ 申请无公害农产品的书面申请应包括哪些内容？

申请无公害农产品产地认定的单位或者个人（以下简称申请人），应当向县级农业行政主管部门提交的书面申请包括：

（1）申请人的姓名（名称）、地址、电话号码。

（2）产地的区域范围、生产规模，无公害农产品生产计划。

（3）产地环境说明。

（4）无公害农产品质量控制措施。

（5）有关专业技术和管理人员的资质证明材料。

（6）保证执行无公害农产品标准和规范的声明。

（7）其他有关材料。

◈ 无公害农产品产地认定证书有效期是多长？

无公害农产品产地认定证书有效期为3年。期满需要继续使用的，应当在有效期满90日前按照本办法规定的无公害农产品产地认定程序，重新办理。

◈ 无公害农产品的标准有哪些？

无公害农产品标准是无公害农产品认证和质量监管的基础，其结构主要由环境质量、生产技术、产品质量标准三部分组成。其中产品标准、环境标准和生产资料使用准则为强制性国家及行业标准，生产操作规程为推荐性国家行业标准。

截至2007年，农业部共制定无公害食品标准386个，使用277个。其中产品标准127个；产地环境标准20个；投入品使用标准7个；生产管理技术规程标准117个；认证管理技术规范类标准6个。

◈ 无公害农产品在使用农药方面应注意哪些问题？

生产安全、清洁、优质的无公害农产品，必须正确、合理、科学、规范地使用农药和掌握生产无公害农产品农药使用技术，具体要做到以下两点：

（1）预防为主，综合防治。积极采用抗病品种，轮作换茬、温汤浸种、嫁接技术、高温闷棚等农业措施；利用黑光灯，糖醋液，黄板诱杀，磁化水灌溉，声纳技术，臭氧等物理措施；选用生物菌制成的生物农药，其中杀虫剂有 BT 类生物农药(苏云金杆菌)浏阳霉素、米螨和爱福丁类制剂，抗生素类杀菌剂主要有青霉素、链霉素、新植霉素、环丙杀星、克菌康、农抗 120、木霉素等。

（2）严格执行农药合理使用准则。在防治病虫害中应严格执行这些规定，不得任意提高药量(浓度)和增加施药次数及缩短安全间隔期。

选择使用合理的剂型和施药方法。反季节深冬栽培，低温时喷洒液体易导致蔬菜生长缓慢和加重病情，因此，要尽量选用粉尘剂、烟雾剂，降低棚内湿度。粉尘剂主要有灭克、万霉灵、百菌清；烟雾剂主要有百菌清、杀毒矾烟雾剂等。

交替用药。反复使用同一药剂，会致使某些病虫害产生抗药性，降低了防治效果，农民要选择不同类型药剂，合理轮换使用。

◆ 绿色食品指的是什么？

绿色食品是指无污染、优质、营养食品，经国家绿色食品发展中心认可，许可使用绿色食品商标的产品。

由于与环境保护有关的事物我国通常都冠以"绿色"，为了更加突出这类食品来自良好的生态环境，因此称为绿色食品。绿色食品是中档食品，我国已有多家企业生产绿色食品，是人类在未来长期追求的健康食品。绿色食品分为两级，即 A 级绿色食品（生产条件要求较低的食品）和 AA 级绿色食品（要求质量较高，与有机食品要求基本相同）。

◈ **我国绿色食品的发展模式是什么？**

我国发展绿色食品实施"环境有监测、操作有规程、生产有记录、产品有检验、上市有标识"的全程标准化生产模式，推行"以品牌为纽带、企业为主体、基地为依托、农户为基础"的产业发展模式，倡导"保护环境、清洁生产、健康养殖、安全消费"的可持续发展理念，创建了"以技术标准为基础、质量认证为形式、标志管理为手段"的质量保证体系，推行的全程标准化生产和监管模式达到了国际先进水平。

◈ **我国目前采取怎样的措施加大绿色食品政策支持和工作推进力度？**

（1）要积极稳妥地推动发展，必须坚持宁缺毋滥的原则，不放松质量标准，不降低准入门槛，切实维护精品形象，不能盲目追求发展速度和规模，而要更加注重速度、质量、效益的协调发展，不断提高绿色食品产业发展的整体水平。

（2）要着力打造精品品牌，提高产业发展的质量和水平，抓好标准化生产，加强全程质量监控，加大品牌宣传和市场服务力度，使绿色食品进入"以品牌引领消费、以消费拓展市场、以市场拉动生产"持续健康发展的轨道。

（3）要建立并不断完善以"坚持标准、规范认证、加强监管、风险预警"为核心的绿色食品质量保障体系，规范认证，加强监管，及时消除潜在的行业风险和隐患，防范重大质量安全事件发生，确保绿色食品品牌安全可靠。

（4）要在《农产品质量安全法》、《食品安全法》的框架下，积极推进体制机制创新，逐步建立起"以行政执法为主导、行业自律为基础、属地管理为保障"的监管体制，即立足事业持续健康发展，强化以市场导向为基础、政府推动为保障的发展机制；立足产品质量和风险防范，建立规范高效的认证工作机制；立足品牌的公信力，建立依法监管的长效机制；立足强化职能职责，加强体系队伍建设，完善绿色食品工作系统的运行机制。

（5）要进一步优化认证制度，提高认证效率，加强法规及相关配套制度建设，提升保障发展能力；大力推广和应用安全优质农业生产资料，促进标准化基地建设，加强绿色食品定点监测体系建设，加强绿色食品宣传、培训和技术指导，强化科技支撑能力；发展专业流通企业，建立有特色的营销体系和有活力的促销机制，积极培育绿色食品市场，增强市场服务能力，更有效地促进厂商合作、产销对接。

◆ 什么是有机农产品？

有机农产品是纯天然、无污染、安全营养的食品，也可称为"生态食品"。它是根据有机农业原则和有机农产品生产方式及标准生产、加工出来的，生产过程绝对禁止使用人工合成的农药、化肥、色素等化学物质，采用对环境无害的方式生产。销售过程受专业认证机构全程监控，通过独立认证机构认证并颁发证书，销售总量受控制的一类真正纯天然、高品味、高质量的食品。

有机农业生产方式是利用动物、植物、微生物和土壤 4 种生产因素的有效循环，不打破生物循环链的生产方式。有机食品是食品的最高档次，在我国刚刚起步，即使在发达国家也仅是一些高收入、追求高质量生活水平人士所追求的食品。

◆ 有机产品认证有哪些要求？

有机产品认证机构实施有机产品认证，应当依据有机产品国家标准。出口的有机产品，应当符合进口国家或者地区的特殊要求。

有机产品生产、加工单位和个人或者其代理人（以下统称申请人），可以自愿向有机产品认证机构提出有机产品认证申请。

◆ **申请有机产品认证应当提交哪些书面材料**？

（1）申请人名称、地址和联系方式。

（2）产品产地（基地）区域范围，生产、加工规模。

（3）产品生产、加工或者销售计划。

（4）产地（基地）、加工或者销售场所的环境说明。

（5）符合有机产品生产、加工要求的质量管理体系文件。

（6）有关专业技术和管理人员的资质证明材料；保证执行有机产品标准、技术规范和其他特殊要求的声明。

（7）申请人不是有机产品的直接生产者或者加工者的，还应当提供其与有机产品的生产者或者加工者签定的书面合同。

（8）其他材料。

◆ **无公害农产品、绿色食品和有机农产品的价格有什么差别**？

绿色食品70%为加工产品，30%为初级农产品。有机农产品和无公害农产品都以初级农产品为主。有机农产品的价格高于普通农产品50%至几倍，绿色农产品的价格高于普通农产品10%～20%，无公害农产品的价格略高于一般农产品。

◆ **国家对无公害农产品、绿色食品和有机农产品的扶持政策有哪些**？

（1）农业部门不断积极争取计划、财政等部门的支持，创造条件，设立无公害农产品、绿色食品和有机农产品发展专项资金，用于标准制定、认定认证、基地建设、市场营销和监督检查等。

（2）将农业综合开发、技术推广、基地建设、示范园区创建等农产品生产性投资项目实施与无公害农产品、绿色食品和有机农产品发展有机结合起来。

（3）新建和在建的各类农产品生产性投资项目，以标准化生产和发展无公害农产品、绿色食品、有机农产品为项目实施的重要目标和验收的基本条件。

（4）以农产品生产和加工为主的农业产业化龙头企业，以生产无公害农产品为基本目标和基本要求，根据资源优势和市场需求，生产绿色食品和有机农产品。

（5）有条件的地方，将获得无公害农产品、绿色食品和有机农产品认证的企业和农户纳入财政支持、奖励范围。

（6）将鲜活无公害农产品、绿色食品、有机农产品尽快纳入绿色通道实施范围，减免过桥过路等费用，减轻农民负担，增加农民收入。

◆ **申请"中国名牌农产品"称号的产品要具备哪些条件**？

（1）符合国家有关法律法规和产业政策的规定。

（2）在中国境内生产，有固定的生产基地，批量生产至少3年。

（3）在中国境内注册并归申请人所有的产品注册商标。

（4）符合国家标准、行业标准或国际标准。

（5）市场销售量、知名度居国内同类产品前列，在当地农业和农村经济中占有重要地位，消费者满意程度高。

（6）质量检验合格。

（7）食用农产品应获得"无公害农产品"、"绿色食品"或者"有机食品"称号之一。

（8）申请的产品应是省级名牌农产品。

◆ **"中国名牌农产品"的评选认定程序是怎样的**？

中国名牌农产品实行年度评审制度。省（自治区、直辖市及计划单列市）农业行政主管部门负责申报材料真实性、完整性的审查。符合条件的，签署推荐意见，报送名推委办公室。 名推委办公室组织评审委员会对申报材料进行评审，形成推荐名单和评审意见，上报名推委。名推委召开全体会议，审查推荐名单和评审意见，形成当年度的中国名牌农产品拟认定名单，并通过新闻媒体向社会公示，广泛征求意见。名推委全体委员会议审查公示结果，审核认定当年度的中国名牌农产品名单。对已认定的中国名牌农产品，由农业部授予"中国名牌农产品"称号，颁发《中国名牌农产品证书》，并向社会公告。

◆ 我国对农产品市场运行扶持的政策有哪些？

（1）加强农产品生产，增加市场供给。稳定农产品种植面积和养殖规模，强化市场供给调控基础。要大力推进实施新一轮"菜篮子"工程，科学引导和优化结构调整，丰富鲜活农产品市场品种供应。要加大技术服务和防灾减灾力度，针对夏季高温、高湿以及沿海地区台风易发等季节性特点，指导农民做好病虫害防治、科学施肥、防汛防涝等相关工作。

（2）加强市场监测预警，搞好信息服务。要密切关注农产品市场动态和舆情反映，在重点采集价格信息的基础上，进一步扩大信息采集范围，提高信息采集频度，增强信息的准确性、及时性，不断健全信息采集体系。要强化信息发布，通过电视、网络、报纸、广播等多渠道发布权威的农产品市场信息，科学引导农产品生产与流通。

（3）加强产销对接，搞活市场流通。要积极举办各类农业会展，为农产品购销搭建平台，活跃市场气氛。加强产销衔接，主动组织批发市场到主产区开展订单生产，积极支持主产区农民专业合作社到异地举办产品推介活动，发挥大中型农产品批发市场特别是农业部定点市场的作用，推动主产区农民专业合作社和经销商直接对接。

（4）加强宣传引导，维护市场秩序。要及时主动向新闻媒体通报农产品生产、价格变化、需求流向、天气影响等有关情况，引导舆论客观准确报道农产品市场运行状况。

◆ 农产品深加工指的是什么？

它是指对农业产品进行深度加工制作，以实现其效益最大化的生产环节，它与"粗加工"概念相对应。如稻谷、玉米，将其加工为大米、玉米粉的生产，称为粗加工；在完成粗加工的基础上进一步加工制作成副食品，以追求更高附加值的生产，称为深加工。

七、新农村土地经营服务体系

◆ **我国的农业服务体系包括哪些内容？**

（1）良种服务。即为广大农民提供粮食、畜禽、水产、苗木等优质高效种子种苗。

（2）农资服务。即为广大农民提供化肥、农药等农业生产物资服务，保证农民用上放心农资。

（3）农技服务。即发展以农业科研院所、农业企业、农业专业性服务组织为主要内容的新型农技服务体系，为广大农民提供高效适用种养模式和技术。

（4）培训服务。即培育新型农民，拓展农民增收致富道路。

（5）信息服务。即为广大农民及时提供党和政府的各项富农政策、市场行情及先进高效种养技术等急需的信息服务。

（6）流通服务。即通过发展农产品批发市场、农产品超市等物流载体，为广大农民及时提供优质安全的农产品交流平台和服务。

（7）休闲服务。即满足人们回归自然、休闲娱乐和体验农耕文化需求，促进农民增收。

（8）保险服务。即对农民的种养产品实施政策性及商业性保险，减轻农民在灾害面前的经济损失，增强农业应对各种灾害的能力。

◆ 农业技术指的是什么？

农业技术，是指应用于种植业、林业、畜牧业、渔业的科研成果和实用技术。包括良种繁育、施用肥料、病虫害防治、栽培和养殖技术，农副产品加工、保鲜、贮运技术，农业机械技术和农用航空技术，农田水利、土壤改良与水土保持技术，农村供水、农村能源利用和农业环境保护技术，农业气象技术以及农业经营管理技术等。

◆ 农业技术推广指的是什么？

农业技术推广，是指通过试验、示范、培训、指导以及咨询服务等，把农业技术普及应用于农业生产产前、产中、产后全过程的活动。目前，我国正按照强化公益性职能、放活经营性服务的要求，科学设置国家农技推广机构，大力扶持民间农技推广机构的发展，形成以公益性农技推广机构为主，社会化服务组织相结合的新型农业技术推广体系。

◆ 我国农业技术推广体系是怎样的？

我国农业技术推广，实行农业技术推广机构与农业科研单位、有关学校以及群众性科技组织、农民技术人员相结合的推广体系。国家鼓励和支持供销合作社、其他企业事业单位、社会团体以及社会各界的科技人员，到农村开展农业技术推广服务活动。

◆ 乡、民族乡、镇以上各级国家农业技术推广机构的职责是什么？

（1）参与制定农业技术推广计划并组织实施；组织农业技术的专业培训。

（2）提供农业技术、信息服务。

（3）对确定推广的农业技术进行试验、示范。

（4）指导下级农业技术推广机构、群众性科技组织和农民技术人员的农业技术推广活动。

◆ **农业技术推广遵循什么原则？**

农业技术推广应当遵循下列原则：①有利于农业的发展；②尊重农业劳动者的意愿；③因地制宜，经过试验、示范；④国家、农村集体经济组织扶持；⑤实行科研单位、有关学校、推广机构与群众性科技组织、科技人员、农业劳动者相结合；⑥讲求农业生产的经济效益、社会效益和生态效益。

◆ **我国对农业技术推广的资金保障有哪些？**

（1）国家逐步提高对农业技术推广的投入。

（2）各级人民政府在财政预算内应当保障用于农业技术推广的资金，并应当使该资金逐年增长。

（3）各级人民政府通过财政拨款以及从农业发展基金中提取一定比例的资金的渠道，筹集农业技术推广专项资金，用于实施农业技术推广项目。

（4）任何机关或者单位不得截留或者挪用用于农业技术推广的资金。

◆ **各级政府对农技推广人员的激励措施有哪些？**

（1）各级人民政府应当采取措施，保障和改善从事农业技术推广工作的专业科技人员的工作条件和生活条件，改善他们的待遇，依照国家规定给予补贴，保持农业技术推广机构和专业科技人员的稳定。

（2）对在乡、村从事农业技术推广工作的专业科技人员的职称评定应当以考核其推广工作的业务技术水平和实绩为主。

（3）农业技术推广行政部门和县以上农业技术推广机构，应当有计划地对农业技术推广人员进行技术培训，组织专业进修，使其不断更新知识、提高业务水平。

（4）地方各级人民政府应当采取措施，保障农业技术推广机构获得必需的试验基地和生产资料，进行农业技术的试验、示范。

（5）农业技术推广机构、农业科研单位和有关学校根据农村经济发展的需要，可以开展技术指导与物资供应相结合等多种形式的经营服务。

◆ 我国法律是如何规定农民应用推广技术的权利的？

农业劳动者根据自愿的原则应用农业技术。任何组织和个人不得强制农业劳动者应用农业技术。强制农业劳动者应用农业技术，给农业劳动者造成损失的，应当承担民事赔偿责任，直接负责的主管人员和其他直接责任人员可以由其所在单位或者上级机关给予行政处分。

向农业劳动者推广的农业技术，必须在推广地区经过试验证明具有先进性和适用性。向农业劳动者推广未在推广地区经过试验证明具有先进性和适用性的农业技术，给农业劳动者造成损失的，应当承担民事赔偿责任，直接负责的主管人员和其他直接责任人员可以由其所在单位或者上级机关给予行政处分。

◆ 有义务进行农业技术推广的部门有哪些？

国务院农业、林业、畜牧业、渔业、水利等行政部门（以下统称农业技术推广行政部门）按照各自的职责，负责全国范围内有关的农业技术推广工作。

县级以上地方各级人民政府农业技术推广行政部门在同级人民政府的领导下，按照各自的职责，负责本行政区域内有关的农业技术推广工作。

同级人民政府科学技术行政部门对农业技术推广工作进行指导。

◆ 农业信息化指的是什么？

农业信息化是一个内涵深刻，外延广泛的概念。其基本涵义是指信息及知识逐渐成为农业生产活动的基本资源和发展动力，信息和技术咨询服务业逐渐成为整个农业结构的基础产业之一，以及信息和智力活动对农业增长的贡献越来越加大的过程。

它包括计算机技术，还包括微电子技术、通信技术、光电技术、遥感技术等多项信息技术在农业上普遍而系统应用的过程。我国"十一五"明确提出推进农村信息化建设，提高农村信息化水平。

◆ **我国信息化建设的重点工程有哪些**？

（1）"金农"工程。"金农"工程是国家加快电子政务建设、推进农业农村信息化的重点工程。

（2）"三电合一"工程建设。"三电合一"农业综合信息服务平台建设，是农业部门强化信息服务手段、提高服务质量和水平，努力解决农业信息服务"最后1千米"问题的重要举措。

（3）"信息化村示范工程"。"十一五"期间，我国启动实施"信息化村示范工程"。计划完成"十万村庄建站、百万村官在线、千万农民上网"的建设目标。

◆ **"金农"工程的主要任务是什么**？

"金农"工程目的是加速和推进农业和农村信息化，建立"农业综合管理和服务信息系统"。其主要任务有：

（1）网络的控制管理和信息交换服务，包括与其他涉农系统的信息交换与共享。

（2）建立和维护国家级农业数据库群及其应用系统。

（3）协调制定统一的信息采集、发布的标准规范，对区域中心、行业中心实施技术指导和管理。

（4）组织农业现代化信息服务及促进各类计算机应用系统，如专家系统、地理信息系统、卫星遥感信息系统的开发和应用。

◆ **"金农"工程系统结构的基础是什么**？

"金农"工程系统结构的基础是国家重点农业县、大中型农产品市场、主要的农业科研教育单位和各农业专业学会、协会。

◆ **"金农"工程的资金来源于哪里**？

"金农"工程预计投资12亿元，以中央投入为主导，地方投入为基础，采用国家、部门、地方和社会等多条渠道筹集，以财政拨款为主，银行贷款为辅，利用外资为补充的多种方式解决。

◆ **"三电合一"工程指的是什么？**

"三电合一"工程主要内容是通过建设"三电合一"平台，综合利用电视、电话、电脑等信息载体开展信息服务，把农民急需的农产品市场和科技信息传播到乡镇村屯，努力提高农业信息服务水平，从根本上缩小城乡"数字鸿沟"，解决当前农业信息进村入户的"最后1千米"问题，为构建和谐社会和建设新农村的信息服务提供支持能力。

◆ **"信息化村示范工程"指的是什么？**

为适应新农村建设的需要，结合信息网络快速向农村基层延伸的实际，我国启动实施"信息化村示范工程"。该工程计划完成"十万村庄建站、百万村官在线、千万农民上网"的建设目标。

"十万村庄建站"，就是要在全国以省（区、市）为实施主体，共选择十万个有条件的行政村，建设信息服务站（点），面向村民开展信息服务。

"百万村官在线"，主要通过整合面向农村农民的培训资源，在十万个示范村培训100万名村、组干部，使之能经常"在线"获取信息，成为服务新农村建设的信息员和引领村民利用信息致富的带头人。

"千万农民上网"，即主要通过已培训的村干部，"以一带十"，帮助辅导1000万农民通过互联网获取服务信息。

◆ **国家对农业气象服务体系建设的要求是什么？**

2009年12月31日，中共中央、国务院下发了《加大统筹城乡发展力度，进一步夯实农业农村发展基础的若干意见》的一号文件，对气象为农服务提出了明确要求——健全农业气象服务体系和农村气象灾害防御体系，充分发挥气象服务"三农"的重要作用。各地不断建立起一套减灾与农业服务综合业务系统，提升气象为农业服务的能力。加强农业气象观测、预报、服务、科普基础设施建设，及时发布天气预报及重大灾害性天气预警信息，并通过预报预警平台向各地发送气象信息，指导农业防灾减灾、趋利避害。

◆ "鲜活农产品绿色通道"政策指的是什么？

根据党的十七届三中全会《关于推进农村改革发展若干重大问题的决定》提出的"发展农产品现代流通方式，减免运销环节收费，长期实行绿色通道政策，加快形成流通成本低、运行效率高的农产品营销网络"要求，

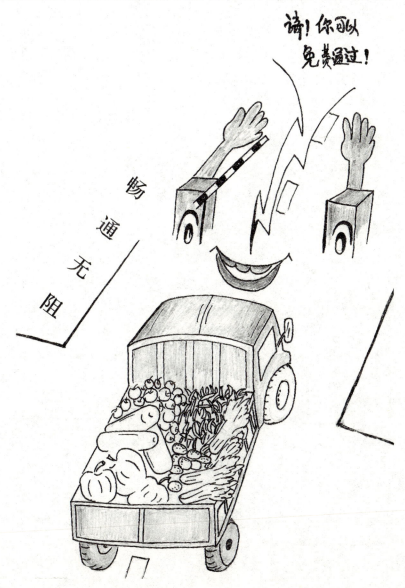

目前我国各地对鲜活农产品基本全部实行绿色通道政策，运输鲜活农产品免通行费。

◆ **农业气象预报和气象服务可以为土地经营提供哪些信息？**

农业气象预报主要是预报未来气象条件的状况及其对农作物和农业生产活动影响的气象预报。主要是根据统计学、天气学、气候学、物候学、数值模拟、卫星遥感等科学方法制作。农业气象预报包括某些田间工作和农事活动服务的预报，农业气象灾害和病虫害预报，农作物产量预报，作物物候期预报。

◆ **气象服务类别有哪些？**

天气预报服务包括：①一般性天气预报和灾害性天气预报；②短期、中期、长期和短时天气预报；③专业天气预报、农业气象预报等。

◆ **什么是短期、中期、长期天气预报？**

短期天气预报是3天以内的天气预报，可以预报天空状况、降水量、气温、风向速度、灾害天气或强烈天气现象（如大风、冰雹、雾等）。

中期天气预报是指3~10天的天气状况，内容主要是旬平均气温、旬内冷空气活动以及降水过程的强度和出现日期等。

长期天气预报是指10天以上、1年以内的天气预报。长期天气预报内容主要是降水以及气温的旬、月、季、年趋势预报。初终霜出现日期和农作物的播种期等。

◆ **我国的农产品质量安全监测制度是怎样的？**

（1）国家建立农产品质量安全监测制度。县级以上人民政府农业行政主管部门应当按照保障农产品质量安全的要求，制定并组织实施农产品质量安全监测计划，对生产中或者市场上销售的农产品进行监督抽查。

（2）监督抽查结果由国务院农业行政主管部门或者省、自治区、直辖市人民政府农业行政主管部门按照权限予以公布。

（3）农产品批发市场应当设立或者委托农产品质量安全检测机构，对进场销售的农产品质量安全状况进行抽查检测。发现不符合农产品质量安全标准的，应当要求销售者立即停止销售，并向农业行政主管部门报告。

（4）农产品销售企业对其销售的农产品，应当建立健全进货检查验收制度。经查验不符合农产品质量安全标准的，不得销售。

（5）国家鼓励单位和个人对农产品质量安全进行社会监督。

◆ 国家对农产品监督抽查检测部门有何要求？

从事农产品质量安全检测的机构，必须具备相应的检测条件和能力，由省级以上人民政府农业行政主管部门或者其授权的部门考核合格。

监督抽查检测应当委托符合条件的农产品质量安全检测机构进行，不得向被抽查人收取费用，抽取的样品不得超过国务院农业行政主管部门规定的数量。上级农业行政主管部门监督抽查的农产品，下级农业行政主管部门不得另行重复抽查。

◆ 对农产品监督抽查结果有异议时该怎么办？

农产品生产者、销售者对监督抽查检测结果有异议的，可以自收到检测结果之日起 5 日内，向组织实施农产品质量安全监督抽查的农业行政主管部门或者其上级农业行政主管部门申请复检。复检不得采用快速检测方法。因检测结果错误给当事人造成损害的，应依法承担赔偿责任。

◆ 我国的农产品质量安全标准是如何确定的？

（1）农产品质量安全标准由农业行政主管部门商同有关部门组织实施。

（2）农产品质量安全标准是强制性的技术规范，国家在不断建立健全农产品质量安全标准体系。农产品质量安全标准的制定和发布，依照有关法律、行政法规的规定执行。

（3）制定农产品质量安全标准充分考虑农产品质量安全风险评估结果，并听取农产品生产者、销售者和消费者的意见，保障消费安全。

（4）农产品质量安全标准根据科学技术发展水平以及农产品质量安全的需要，及时修订。

◆ 我国对违法失职的农产品质量监管人员与机构有何惩罚措施？

（1）农产品质量安全监督管理人员不依法履行监督职责，或者滥用职权的，依法给予行政处分。

（2）农产品质量安全检测机构伪造检测结果的，责令改正，没收违法所得，并处5万元以上10万元以下罚款，对直接负责的主管人员和其他直接责任人员处1万元以上5万元以下罚款；情节严重的，撤销其检测资格；造成损害的，依法承担赔偿责任。

（3）农产品质量安全检测机构出具检测结果不实，造成损害的，依法承担赔偿责任；造成重大损害的，并撤销其检测资格。

◆ 农业保险指的是什么？

农业保险是指专为农业生产者在从事种植业和养殖业生产过程中，对遭受自然灾害和意外事故所造成的经济损失提供保障的一种保险。

农业保险是市场经济国家扶持农业发展的通行做法。通过政策性农业保险，可以在世农业保险贸组织规则允许的范围内，代替直接补贴对我国农业实施合理有效的保护，减轻加入世贸组织带来的冲击，减少自然灾害对农业生产的影响，稳定农民收入，促进农业和农村经济的发展。在中国，农业保险又是解决"三农"问题的重要组成部分。我国土地经营者可以通过国家农业保险政策减轻气候的不确定性给生产经营可能带来的危害。

◆ 我国农业保险可以分为哪些？

（1）按农业种类不同分为种植业保险、养殖业保险。

（2）按危险性质分为自然灾害损失保险、病虫害损失保险、疾病死亡保险、意外事故损失保险。

（3）按保险责任范围不同，可分为基本责任险、综合责任险和一切险。

（4）按赔付办法可分为种植业损失险和收获险。

◈ 农业保险的保险标的有哪些？

农业保险的保险标的包括农作物栽培（农业）、营造森林（林业）、畜禽饲养（畜牧业）、水产养殖、捕捞（渔业）以及农村中附属于农业生产活动的副业。

◈ 我国农业保险的主要险种有哪些？

我国目前开办的农业保险主要险种有：农产品保险，生猪保险，牲畜保险，奶牛保险，耕牛保险，山羊保险，养鱼保险，养鹿、养鸭、养鸡等保险，对虾、蚌珍珠等保险，家禽综合保险，水稻、蔬菜保险，稻麦场、森林火灾保险，烤烟种植、西瓜雹灾、香梨收获、小麦冻害、棉花种植、棉田地膜覆盖雹灾等保险，苹果、鸭梨保险等等。

◈ 我国政策性农业保险的经营模式一般是怎样的？

我国对重点农产品进行统保。全国范围内对小麦、水稻、棉花、生猪、奶牛等战略性农产品资源进行统保，各级地方政府可在烤烟、林木、茶叶、蔬菜、水产养殖等优势特色产业上开展统保试点。

我国政策性农业保险一般采用"保险公司与地方政府联办"的经营模式。保险经办机构在政府保费补贴政策框架下，自主经营，自负盈亏。政府与农业保险经办机构按比例分担赔付责任，政府给予农户一定数额的保费补贴。

以安徽省为例，县（含县级市、县改区，下同）保费补贴比例为：种植业保险保费中央财政补贴40%、省财政补贴30%、县财政补贴10%、种植场（户）承担20%；能繁母猪保险保费中央财政补贴50%、省财政补贴25%、县财政补贴5%、养殖场（户）承担20%；奶牛保险保费中央财政补贴30%、省财政补贴25%、县财政补贴5%、养殖场（户）

承担40%。

省辖市保费补贴比例为：种植业保险保费中央财政补贴40%、省财政补贴20%、市及市辖区财政补贴20%、种植场（户）承担20%；能繁母猪保险保费中央财政补贴50%、省财政补贴21%、市及市辖区财政补贴9%、养殖场（户）承担20%；奶牛保险保费中央财政补贴30%、省财政补贴21%、市及市辖区财政补贴9%、养殖场（户）承担40%。